杭州优秀传统文化丛书
Hangzhou Youxiu Chuantong Wenhua Congshu

方言故事 木佬佬

安峰 —— 著

杭州出版社

图书在版编目（CIP）数据

方言故事木佬佬 / 安峰著 . -- 杭州： 杭州出版社，2022.8
（杭州优秀传统文化丛书）
ISBN 978-7-5565-1853-1

Ⅰ.①方… Ⅱ.①安… Ⅲ.①吴语—词语—方言研究—杭州 Ⅳ.① H173

中国版本图书馆 CIP 数据核字（2022）第 132878 号

Fangyan Gushi Mulaolao
方言故事木佬佬
安峰　著

责任编辑	俞倩楠
装帧设计	章雨洁
美术编辑	祁睿一
责任校对	陈铭杰
责任印务	姚　霖
出版发行	杭州出版社（杭州市西湖文化广场32号6楼）电话：0571-87997719　邮编：310014网址：www.hzcbs.com
排　　版	浙江时代出版服务有限公司
印　　刷	天津画中画印刷有限公司
经　　销	新华书店
开　　本	710 mm×1000 mm　1/16
印　　张	11
字　　数	135千
版 印 次	2022年8月第1版　2022年8月第1次印刷
书　　号	ISBN 978-7-5565-1853-1
定　　价	55.00元

（版权所有　侵权必究）

序　言

文化是城市最高和最终的价值

我们所居住的城市，不仅是人类文明的成果，也是人们日常生活的家园。各个时期的文化遗产像一部部史书，记录着城市的沧桑岁月。唯有保留下这些具有特殊意义的文化遗产，才能使我们今后的文化创造具有不间断的基础支撑，也才能使我们今天和未来的生活更美好。

对于中华文明的认知，我们还处在一个不断提升认识的过程中。

过去，人们把中华文化理解成"黄河文化""黄土地文化"。随着考古新发现和学界对中华文明起源研究的深入，人们发现，除了黄河文化之外，长江文化也是中华文化的重要源头。杭州是中国七大古都之一，也是七大古都中最南方的历史文化名城。杭州历时四年，出版一套"杭州优秀传统文化丛书"，挖掘和传播位于长江流域、中国最南方的古都文化经典，这是弘扬中华优秀传统文化的善举。通过图书这一载体，人们能够静静地品味古代流传下来的丰富文化，完善自己对山水、遗迹、书画、辞章、工艺、风俗、名人等文化类型的认知。读过相关的书后，再走进博物馆或观赏文化景观，看到的历史遗存，将是另一番面貌。

过去一直有人在质疑，中国只有三千年文明，何谈五千年文明史？事实上，我们的考古学家和历史学者一直在努力，不断发掘的有如满天星斗般的考古成果，实证了五千年文明。从东北的辽河流域到黄河、长江流域，特别是杭州良渚古城遗址以距今5300—4300年的历史，以夯土高台、合围城墙以及规模宏大的水利工程等史前遗迹的发现，系统实证了古国的概念和文明的诞生，使世人确信：这里是古代国家的起源，是重要的文明发祥地。我以前从来不发微博，发的第一篇微博，就是关于良渚古城遗址的内容，喜获很高的关注度。

我一直关注各地对文化遗产的保护情况。第一次去良渚遗址时，当时正在开展考古遗址保护规划的制订，遇到的最大难题是遗址区域内有很多乡镇企业和临时建筑，环境保护问题十分突出。后来再去良渚遗址，让我感到一次次震撼：那些"压"在遗址上面的单位和建筑物相继被迁移和清理，良渚遗址成为一座国家级考古遗址公园，成为让参观者流连忘返的地方，把深埋在地下的考古遗址用生动形象的"语言"展示出来，成为让普通观众能够看懂、让青少年学生也能喜欢上的中华文明圣地。当年杭州提出西湖申报世界文化遗产时，我认为这是一项需要付出极大努力才能完成的任务。西湖位于蓬勃发展的大城市核心区域，西湖的特色是"三面云山一面城"，三面云山内不能出现任何侵害西湖文化景观的新建筑，做得到吗？十年申遗路，杭州市付出了极大的努力，今天无论是漫步苏堤、白堤，还是荡舟西湖里，都看不到任何一座不和谐的建筑，杭州做到了，西湖成功了。伴随着西湖申报世界文化遗产，杭州城市发展也坚定不移地从"西湖时代"迈向了"钱塘江时代"，气势磅礴地建起了杭州新城。

从文化景观到历史街区，从文物古迹到地方民居，众多文化遗产都是形成一座城市记忆的历史物证，也是一座城市文化价值的体现。杭州为了把地方传统文化这个大概念，变成一个社会民众易于掌握的清晰认识，将这套丛书概括为城史文化、山水文化、遗迹文化、辞章文化、艺术文化、工艺文化、风俗文化、起居文化、名人文化和思想文化十个系列。尽管这种概括还有可以探讨的地方，但也可以看作是一种务实之举，使市民百姓对地域文化的理解，有一个清晰完整、好读好记的载体。

传统文化和文化传统不是一个概念。传统文化背后蕴含的那些精神价值，才是文化传统。文化传统需要经过学者的研究提炼，将具有传承意义的传统文化提炼成文化传统。杭州与丛书作者在创作方面作了种种古为今用、古今观照的探讨交流，还专门增加了"思想文化系列"，从杭州古代的商业理念、中医思想、教育观念、科技精神等方面，集中挖掘提炼产生于杭州古城历史中灵魂性的文化精粹。这样的安排，是对传统文化内容把握和传播方式的理性思考。

继承传统文化，有一个继承什么和怎样继承的问题。传统文化是百年乃至千年以前的历史遗存，这些遗存的价值，有的已经被现代社会抛弃，也有的需要在新的历史条件下适当转化，唯有把传统文化中这些永恒的基本价值继承下来，才能构成当代社会的文化基石和精神营养。这套丛书定位在"优秀传统文化"上，显然是注意到了这个问题的重要性。在尊重作者写作风格、梳理和讲好"杭州故事"的同时，通过系列专家组、文艺评论组、综合评审组和编辑部、编委会多层面研读，和作者虚心交流，努力去粗取精，古为今用，这种对文化建设工作的敬畏和温情，值得推崇。

人民群众才是传统文化的真正主人。百年以来，中华传统文化受到过几次大的冲击。弘扬优秀传统文化，需要文化人士投身其中，但唯有让大众乐于接受传统文化，文化人士的所有努力才有最终价值。有人说我爱讲"段子"，其实我是在讲故事，希望用生动的语言争取听众。今天我们更重要的使命，是把历史文化前世今生的故事讲给大家听，告诉人们古代文化与现实生活的关系。这套丛书为了达到"轻阅读、易传播"的效果，一改以文史专家为主作为写作团队的习惯做法，邀请省内外作家担任主创团队，组织文史专家、文艺评论家协助把关建言，用历史故事带出传统文化，以细腻的对话和情节蕴含文化传统，辅以音视频等其他传播方式，不失为让传统文化走进千家万户的有益尝试。

中华文化是建立于不同区域文化特质基础之上的。作为中国的文化古都，杭州文化传统中有很多中华文化的典型特征，例如，中国人的自然观主张"天人合一"，相信"人与天地万物为一体"。在古代杭州老百姓的认知里，由于生活在自然天成的山水美景中，由于风调雨顺带来了富庶江南，勤于劳作又使杭州人得以"有闲"，人们较早对自然生态有了独特的敬畏和珍爱的态度。他们爱惜自然之力，善于农作物轮作，注意让生产资料休养生息；珍惜生态之力，精于探索自然天成的生活方式，在烹饪、茶饮、中医、养生等方面做到了天人相通；怜惜劳作之力，长于边劳动，边休闲娱乐和进行民俗、艺术创作，做到生产和生活的和谐统一。如果说"天人合一"是古代思想家们的哲学信仰，那么"亲近山水，讲求品赏"，应该是古代杭州人的生动实践，并成为影响后世的生活理念。

再如，中华文化的另一个特点是不远征、不排外，这体现了它的包容性。儒学对佛学的包容态度也说明了这一点，对来自远方的思想能够宽容接纳。在我们国家的东西南北甚至是偏远地区，老百姓的好客和包容也司空见惯，对异风异俗有一种欣赏的态度。杭州自古以来气候温润、山水秀美的自然条件，以及交通便利、商贾云集的经济优势，使其成为一个人口流动频繁的城市。历史上经历的"永嘉之乱，衣冠南渡"，"安史之乱，流民南移"，特别是"靖康之变，宋廷南迁"，这三次北方人口大迁移，使杭州人对外来文化的包容度较高。自古以来，吴越文化、南宋文化和北方移民文化的浸润，特别是唐宋以后各地商人、各大商帮在杭州的聚集和活动，给杭州商业文化的发展提供了丰富营养，使杭州人既留恋杭州的好山好水，又能用一种相对超脱的眼光，关注和包容家乡之外的社会万象。这种古都文化，也代表了中华文化的包容性特征。

城市文化保护与城市对外开放并不矛盾，反而相辅相成。古今中外的城市，凡是能够吸引人们关注的，都得益于与其他文化的碰撞和交流。现代城市要在对外交往的发展中，进行长期和持久的文化再造，并在再造中创造新的文化。杭州这套丛书，在尽数杭州各色传统文化经典时，有心安排了"古代杭州与国内城市的交往""古代杭州和国外城市的交往"两个选题,一个自古开放的城市形象,就在其中。

"杭州优秀传统文化丛书"团队在传统和现代的结合上,想了很多办法,做了很多努力。传统文化丛书要得到广大读者接受,不是件简单的事。我们已经走在现代化的路上,传统和现代的融合,不容易做好,需要扎扎实实地做,也需要非凡的创造力。因为,文化是城市功能的最高价值,也是城市功能的最终价值。从"功能城市"走向"文化城市",就是这种质的飞跃的核心理念与终极目标。

2020年9月

(单霁翔,中国文物学会会长)

西湖十景图（局部）

目 录

001	引　言	一个方言主持人眼中的杭州话
009	第一章	林小杭说"老炮儿"
022	第二章	汪先生训小杭
038	第三章	汪先生谈四娘婚事
050	第四章	汪先生说"我们"
064	第五章	茶馆里的秀才
083	第六章	"儿语"的应和
096	第七章	五伯伯的嘴皮子
111	第八章	茶馆来了"吃讲茶"
123	第九章	小杭没见掉
134	第十章	好消息、坏消息
142	第十一章	吃讲茶
152	第十二章	小杭：那一夜
159	参考文献	

引　言　一个方言主持人眼中的杭州话

若把杭州话比作一个女性，她实则有两个家：一个娘家，一个婆家。杭州话的娘家，是指杭州身处的吴语区。1987年，由中国社会科学院、澳大利亚人文科学院联合出版的《中国语言地图集》，将杭州划为吴语太湖片杭州小片。专家认为：北宋以前，杭州的方言基本上是以吴语为主，如果一直保持这种语言格局，那么，杭州话的风格，将与近郊的余杭话差别不大。但是，历史潮流的冲击，把杭州话冲出了一个新的面貌，它也因此成了吴语中分布范围最小，使用人口最少的独自成片的方言。本书讨论的杭州话，是杭州老城区范围内流行的杭州话，在地理位置上框定，大致是这样的：东南部以钱塘江北为界，西部在九溪、留下、转塘一带，北部在拱宸桥、三墩附近，东北在笕桥、乔司一带。

如果把考察杭州话的范围扩大，延展到整个大杭州，我们会发现杭州话只能覆盖杭州老城区。越出这一区域，情况就变得复杂，比如杭州话吃饭、睡觉分别读作 qiu vai、kun gao[①]，桐庐话的饭的发音 va，声母与杭州话相同，都有北方官话声母中缺失的 v 音，但韵母发音则

[①] 为方便阅读，本书中的注音采用音标提示的方式，不注声调，供读者大致了解其发音。

有差异；如果到了淳安，吃饭和睡觉分别读作 qi fang、kun ge，再来看饭的发音，声母、韵母，全部变了。而且，这只是淳安梓桐一带的发音，不包括淳安全境。在淳安，居住人群若相差两三公里路，其方言音调就会出现小幅的变化。在离杭州主城区更远的建德，情况更是如此。建德南部接壤兰溪的区块，当地方言发音更类似于金华兰溪。萧山，与杭州主城区仅一江之隔，但在方言上却与绍兴话更为趋同。这种地域差异造成的方言变化，就不在本书讨论之列了。

说过了杭州话的娘家，那么杭州话的"婆家"又是谁呢？那就是宋室南迁之后，给杭州当地方言带来重大影响的北方官话。官话，汉语方言之一，原用于官场和公共交际场合。南渡的官民带来的以汴梁话为主的北方官话，改变了杭州话的语音，改造了杭州话的词汇。"婆家"的势力为何如此强大？因为南渡的各色人等，在人数上几乎占据了绝对优势，据相关资料显示，南宋开国后一百年间，临安城人口增加了 3 倍，外地迁来的人士与土著人口的比例，可能是 8∶1 乃至 9∶1。因为"婆家"的影响放在那儿，有些专家认为杭州话成了一个"方言岛"，即在吴语方言区的包围之中，杭州城区却流行以河南话为基础的北方话，直到今天还有遗存。这个说法，语言学者鲍士杰认为，这是高估了"婆家"的渗透，低估了"娘家"的基因。鲍士杰分析说："在渗透、改造杭州本地话的同时，北方话也受到了对方的渗透和改造，失去的特点更多，而且还起到了一些根本的变化。"所以，全国划分方言片区时，杭州话依旧划归吴语。这一种官话和方言的渗透与反渗透，到今天还有一些痕迹。举个例子吧，"锅子"，在吴语区不少地方都称为"镬子"，这个称呼，杭州余杭区尚有留存，但杭州主城区，"镬子"这个叫法几乎绝迹，杭州话称呼锅子，就是"锅子"。但是，用锅子烧饭形成的"锅巴"，杭州人却不叫"锅巴",而称为"镬焦",如果谁把"镬焦"称为了"锅巴",那必将受到嘲笑,会认为这样的杭州话表述不够正宗。听听! 杭州话把锅子叫成"锅子",而锅底结焦形成的"锅巴",大家却叫成"镬焦"。于是,两种语言系统的反复拉锯,连累一块锅巴,不,是连累一块"镬焦"也左右为难。

当然,反过来我们也可以说,杭州话在两种语言的交集碰撞中,左右逢源,并最后成就自我,开出了奇葩。她奇在何处? 妙在何方? 我们梳理出了以下几个特点,供大家参考。

第一,背景很深,家谱很长。这个家谱长,真不是随口说的,专家们甚至从敦煌变文中,找出了和杭州话相通的词语,变文里的古汉语挂在杭州人嘴边,随口说出,这真是"百姓日用而不知"啊!

敦煌变文,那是啥时候写成的? 是唐朝及五代十国时期的成果。变文用通俗语言,向人讲说佛经。扳扳手指算一算,五代十国结束,已是公元960年,那么变文是写于1000年前的文字了,1000年前的中古汉语,到现在还存活在杭州话里,鲜龙活跳,活色生香。比如杭州人说某人小气、吝啬:"她就是蛮精巴的,她就是嘎个人相!"这个"人相",本意为"容貌",引申为"脾气、性格",它居然在敦煌变文《维摩诘经讲经文》里能找到出处。

正因为杭州话历史长,有不少古汉语用字,就造成她有些字虽然说得出,但是写不出,说写有所脱节。所以,她的第二个特点是:说杭州话的嘴皮子,比写杭州话的笔头子更利索。

那些说得出、写不出的杭州话，那些字眼儿，躲进了哪里？能不能找到它们呢？我们说：能，能找到，但要费一番工夫考证。这类考证，既可能无功而返，也可能有"柳暗花明"的欢欣。举几个例子吧，比如："捽"这个字，杭州人说捡到意外之财，"天上跌落地下捽"，捽，念作 zuo（昨），是揪、抓的意思，这个字，《说文解字》里有，《汉书》里也有，但是会说的人多，会写的人少。发现了，真让人高兴。

再比如，"家里待着"，杭州话说成"屋里厢庉庉"，这个"庉（den）"字，一般人写都会写作"蹲"，蹲下的蹲，极少写成庉。但事实上这个"庉"字，《康熙字典》里就有，是楼墙、房舍、室中藏的意思。为什么杭州话口头在用，落实到笔头上，却写不出来呢？我想是因为，历来都是说话的人多，写书的人少，待到识字者渐多，想要把那些文字落实于纸面，却发现只能写个白字。不甘心之余，想要确认文字的源头，对不起，那得到古代韵书、字书里去查找，但是，和方言音韵对得上的本字，实在并非唾手可得。本书在写作中，主要遵循约定成俗的标准，行文用词尽量使用常用字，不用生僻字或容易产生歧义的字。能够与普通话同音同义，我们就尽量使用这类字。关于本字，本书不做过多的考证。但我们从语言学者、文史专家考证本字的路径中，我们也归纳出了杭州话的第三个特点，即胃口蛮大，消化蛮好。

杭州话的胃口大、消化好，指她兼容并蓄，能广泛吸收各种语言，为我所用。比如一句"勒哈"，表示"在"的意思；"勒哈哪里"表示"在哪里"。这句"勒哈"，本意是什么？它的本源出自哪里？这是困扰我多年的一个问题。这时候，在《康熙字典》搜寻，已经找不到答案。杭州文史学者曹晓波先生，硬是从《清史满语词典》里，找到了它的出处。原来，"勒"或者叫"拉"，是满语"正好"

的读音变异，"勒哈"或者"拉哈"，指的是土壁矮屋，是现在杭州话"在……里"的最初雏形。如果没有满语这一条破译路径，"勒哈"为啥能表示"在"或"在……里"的意思？这几乎是一个无解之谜。

当我们说杭州话胃口好，杂里古董的话语到她嘴里，嚼几嚼几，就能一口吞落，消化功能"一等那摩温"，我们却又发现了英语搀入杭州话的痕迹。那摩温，是英文"number one"的音译，意为"一等好、数第一"，它是沪上开埠后刮向杭州的"西洋风"。但杭州话添油加醋，在"那摩温"前面加上"一等"，于是更强调了"第一流、最上等"的含义。这类中文+英文的混合体的例子，还有杭州话"角落（音 ko lo）山姆"，借用英文"all some"，加上本土化的"角落"一词，用来表达"全部、所有"的意思。这个词是音译加意译，虽然表达的意思是全部，但有一种略显窘迫的微妙内涵。"角落山姆"，把拼凑各个角落的东西，好不容易凑成"全部"的含义，表达得淋漓尽致。

至于"近水楼台"——即杭州周边地区的方言，杭州话当然也不肯放过。举个例子，吴语区的绍兴话，有些就流入了杭州，比如"捏促"。"捏促"在绍兴话里，表示（多用于小孩的）东碰西碰、毛手毛脚、调皮捣蛋，杭州话把这个词也收为己有，用度娴熟。如果说，杭州话融入满族语是吃下一碟满族甜点"萨其马"，那么杭州话吸收绍兴方言，就是"绍兴梅干菜"上桌品尝了。

杭州话在用语上，特别"接地气"，形象生动，生活气息浓烈，这是它的第四个特点。由于这个特点，在本书人物的言行举止中多有体现，这里就不再展开了。

为了给读者良好的阅读感受，本书采用"两节行文法",即故事主体(正文),采用杭州话讲述,娓娓道来;解释说明(辅文),以普通话讲述,力求清晰易懂。前者(正文)的使命,是讲好故事,后者(辅文)的作用,是展开与杭州话相关的背景分析。这样做的目的是在不打断方言故事进程的前提下,利于读者深入理解相关的方言背景。

如果你是杭州人,会讲杭州话,那么希望这本小书,能唤起你的回忆,唤醒你的乡愁;如果你不是杭州人,不会讲杭州话,那希望这本小书,会成为你感知杭州的一扇窗,亲近杭州的一扇门。

人物表

1. 林小杭：土生土长的小伢儿，有点小脾气，但头脑灵光。常被大人使唤跑腿，也爱听大人教他做人道理。

2. 林四娘：茶馆老板娘，林小杭的姐姐，经营一家茶馆。

3. 五伯伯：见过世面，阅历丰厚，跑过江湖的"好汉"，本书中充当吃讲茶的"老娘舅"。

4. 汪先生：有学问涵养，体面斯文的中年人，与五伯伯是好友，常教林小杭做人道理。

5. 尤胖：尤家小孙子，欺负过林小杭。

6. 苦根：茶房伙计，单身未婚。

7. 贾先生：秀才出身，识文断字，舞文弄墨的一把好手。

8. 何秀才：与贾秀才一样，都是清朝的秀才，只是其魄力和胆识均较小。

9. 陆干娘：寡妇。动过嫁给何秀才的念头。

10. 徐黑方：民间高手。会"沾衣十八跌"武功，但深藏不露；象棋方面，出手不凡。

11. 长根：滥赌成性的憝好胚，为了躲债，东躲西藏。

12. 长根嫂：长根老婆，常在家门前卖自己烧的羊肉。

13. 尤老爷：德高望重的乡绅，人情味浓。

14. 尤仁：尤老大，孝子。

15. 尤义：尤老二，尤老爷二子，因外头欠债，故回家来找大哥分家产。

16. 斯先生：尤家的管家。

17. 小张：本名张小契，林四娘老公，好吃懒做，是个潦荡胚，三年前离家出走。

第一章　林小杭说"老炮儿"

　　我们"壶笑天"茶楼，有两个"老炮儿"⁽¹⁾，两个"常户头"⁽²⁾，一天到晚，孵了我们茶馆里厢⁽³⁾，好比一座南高峰，一座北高峰，一顶长桥，一顶断桥，各有各的腔调。那位汪先生，瘦精精的，一冲眼，瘦得来像个乌烟鬼儿；而另一位五伯伯，壮笃笃，火力蛮旺，壮得来像个牛胚。汪先生生得来骨头凸凸出，青筋爆爆出，头油搽过的头发，一根一根，纹丝不乱，苍蝇站上去会打滑溚；五伯伯生得来大面堂堂，鼻直口方，身板厚得来像门板，立起来像一棵松，坐落去像一口钟，而且还是德国自鸣钟，庙会上拨⁽⁴⁾他粘一把胡须，他就能够演钟馗，再拨他一把宝剑，妖怪看到他，趸转就逃。

　　我格阿姐，茶馆店老板娘林四娘，看到汪先生，总要寻他开心："汪先生，你肉儿都困⁽⁵⁾到哪里去的啦？为啥我吃都没接格⁽⁶⁾吃，身高头的肉儿滋啦滋啦往外头潽，你蹄髈猪脚爪随便吃，总不见你长肉儿，真当是吃煞不壮啦！"汪先生，格辰光⁽⁷⁾就会慢悠悠呼一口茶，或者金丝边眼镜儿摘落来，用块手帕，慢慢交拨镜片揩一揩，或者会搦⁽⁸⁾起一颗瓜子，"嗑哒"一声，用当门牙齿拨瓜子壳儿咬开，再对四娘说："做人一半靠自己，一半靠投胎，投胎投了吃煞不壮，就是我格套样子，前世投胎了贵妃娘娘屋里厢,就是林四娘嘎[9]漂亮!"我格阿姐听汪先生什格一说,乌珠眯成了一条缝,笑的。

看见五伯伯,她当然又是一套说辞:"五伯伯身大力不亏,走到哪里,人都不敢欺负!"格辰光,一只蚊子,"嗡咙嗡咙",来东五伯伯眼前晃,他定定乌珠,两掌合拢,"啪!"蚊子拷煞于他的掌中,他摊开手掌心,看花脚蚊子糊里踏邋[10]的一滩黑血,他笑笑对我阿姐说:"哪个敢欺负我们四娘,让他变成格泡蚊子血!"我格阿姐听了五伯伯什格一说,嘻嘻嘻,乌珠眯成了一条缝,笑的。

汪先生嘴唇极薄,吃东西讲究;五伯伯嘴唇蛮厚,吃东西随便。汪先生早饭欢喜吃小笼包,由我帮他买来,送到,十只小笼包里厢,他留出一只拨我,另外九只,他来吃。但是,他不急于吃,他像猫拖老鼠一样,先要看够、闻够、搞够,再吃。看他吃饭,好比看写大字一样。"四娘,醋!"一只蓝边的专用醋碟儿,就掇[11]到他眼面前,他呢,搦一双筷儿好比搦毛笔,筷儿头上的小笼包,好比毛笔上的一撮羊毫。小笼包来东醋碟儿里荡一圈,好比让毛笔来东砚台里吸吸墨汁,一圈、两圈、三圈,三圈荡转,他攥起小笼包,放了眼前,看它皮儿高头的褶儿,好比来东看南风吹来,吹皱西湖的水波纹路;又好比来东看,宝石山上一级一级爬向保俶塔的踏步档儿。筷儿高头的小笼包,他不可能原个势势,拨它塞进嘴巴里厢,因为格套吃法来吃,格是忒格没档次的,而且容易炮坏舌头,炮坏嘴唇皮儿、牙床肉儿,溃开的汤卤儿,还容易炮坏手指头儿、跌到桌子高头,溅到旁边人的衣裳高头,旁边的人可能会乌珠弹弹出,弄得来戳分兮[12],一副欠他多,还他少的样子;溅到桌底下的猫儿、狗儿身上,猫来东拄的瞌睡马上醒转,一记头跳起,"喵呜"一声,好像来东提抗议;狗儿要是吃着格记生活,它反应可能没嘎快,它只会钝鼓鼓地当是桌子高头来东落雨,格雨水儿还有点儿炮呼呼,让它寻肉骨头的心马上收拢。再会,再会!格里不是久留之地,到另外地方,去歇格歇吧。

看看,发不发靥⁽¹³⁾?小小一只小笼,汪先生都能够吃出嘎多花头。当他正式入港,要吃格只小笼,他就先咬开小笼一只角儿,就是先咬破一点点皮儿,慢慢交,嘢出里厢的汤汁,注意,要慢!等到汁水儿来东他格嘴巴里厢滋满,油香肉香,从鼻头孔往外头渗出来,格辰光他就可以开动,让牙齿嚼起来,舌头拌起来,食管打通,喉结一动,头一口小笼,总算落胃喽!

汪先生吃东西,顶顶要紧的三个字:嗒味道⁽¹⁴⁾。

五伯伯吃东西,不嗒味道,吃饱算数。他吃东西,第一是豪燥⁽¹⁵⁾,第二是干净,一碗泡饭掇到他面前,再放两根酱瓜儿,三块霉豆腐,你看他筷儿搦起来,来东桌子高头笃笃,拨筷儿笃齐,一手托牢碗盏底,一手动竹筷儿,人家是眼睛一眨,老婆鸡变鸭,他呢?眼睛一眨,一碗堆得来潽潽满的,碗沿口潽进潽出的热泡饭,都拨他送进肚皮里厢的。他的手脚之快,真当好比来东变戏法儿,迭哩叭啦一记,泡饭碗盏就空的。空了的碗盏,吃好的筷儿,等到苦根来收,发现碗盏底清清爽爽,好比刚刚汏⁽¹⁶⁾过。

其实他一动没动,没去汏过碗盏,格么碗盏为啥嘎清爽?因为他有个习惯,茶馆里的碗盏,他吃过之后,会用茶水冲格冲,荡格荡,再吃进嘴巴里厢。所以一只吃过的碗盏,赛过菜橱里厢刚刚搦出来,干净得来,让人乌珠发定,可见五伯伯做事体,前后照应,粗中有细。

因为两人脾气不一样,所以两人不大坐了一道,但他们也不闹架儿,互相总是你敬我一尺,我让你三分,客客气气。汪先生常年咬一支翡翠烟嘴,有事没事,有烟没烟,成为习惯。一身长衫儿,或者宝蓝色,或者芽黄色,当他的长衫儿晃进茶馆,看他背影,噢,好比一根晾竿竹,包了一块挺括[17]的布儿,一副风吹跌倒的样子。但他是不会跌倒的,他的样子,有点儿像是精干巴瘦的武林高手,但真当做了高手,估计会弄弄失手。

而五伯伯呢?一身短打扮,对襟褂子,袖口卷起,像煞跑过三江六码头,吃过奶油五香豆,是经过世面,见过场面,吃得起三鲜面,吞得落阳春面的一位好汉。五伯伯、汪先生,他们二位,都来东教我做人的道理。

汪先生教我碰着事体,先蹇[18]急猴猴,气急呼啦,由了自己性子,高兴的,就一好百好,懊恼的,就一恨百恨,做事体,不能格套做法。比如说,我有格一把左轮手枪,拨尤家孙子抢了去,我当时气得来鼻头孔冒烟,我到汪先生格里告状,汪先生呢?不紧不慢,不慌不忙,不声不响,拨过来一盘茶点,说:"小杭,吃块冰晶绿豆糕凉一凉,喉咙口头凉,火气就落去的。我说:"我气煞的,没胃口,吃不落。"汪先生说:"好,没胃口强吃,把东西硬挜[19]落去,要挜坏的,格么你还是先说事体吧,拨事体说灵清,出气出掉,我看看再接格帮你,好不好?"我连忙拍手叫好。好,我把事情哒哒哒一说,我说:"我差点一口气别牢[20]!"听到格句话语,汪先生似笑非笑,说:"你一个小伢儿,啥格一口气两口气,弄弄别牢?人家抢你一把枪你就别牢,格要是抢你屋里一幢房子,你是不是马上要翘掉?小伢儿,说话语要晓得分寸,我先问你一句,你说的格把拨人抢去的左轮手轮,是你爹爹还是你爹传拨你的?你说?或者是你阿姐四娘为了让你开心,拨你去弄了一把,让你高兴高兴?"说到枪格来源,我突然有点心里发虚,有点儿结结巴巴,因为我突然发现,我搁着[21]道理蛮足格事体,一下子显得虚飘飘,因为说到底，我手上格把枪，也是天上跌落地下摔，是摔摔来的。是河港边儿草堆里的货色，我只是弯了个腰，掸一掸泥灰，我要说是自己格东西，总显得有点儿道理不足。汪先生格一问，让我心里厢格气，马上漏掉一半。

手枪格事体，实则蛮蛮简单，我先是勒哈河港旁边烂污泥堆里，发现了格把左轮手枪。枪锈了，但轮廓、形状原个势势，保存了像模像样。我摔起来，看了蛮发靥，我又摔起一块瓦爿儿，勒哈刮枪身高头的铁锈。开丝厂的尤家，有个孙子，就是胖乎乎的尤胖，他走过来问我勒哈作啥。晓得了我摔了把枪，他告诉我，铁锈不能嘎套硬刮，要清理，有另外办法。我问他，有啥格好办法，他问我要了格把枪，搦了他手高头，晃格晃。他晃好，马上歪了格头，管自己走的。我人都呆起，我追上去问他还，他说："你要我还啥西？"我说："你格人要不要脸皮？你拨我东西搦了就走啊？"他说："你倒发靥的，哪个说格样东西是你的？你叫叫看，它应不应你？"格辰光我脚底板的血都冲到了脑门高头，我说："天底下还有没王法？我手上格东西你来抢？"虽然他比我高，比我壮，比我汪[22]，但我不怕，我冲上去，对牢他背脊煞煞招招[23]，攂了一拳。他没想到我模子蛮小，但是认死道理，不肯轻易认输，他大概也火了，一个反手巴掌，拨我拷翻了地上。我想爬起来，他恶心恶肝格用膝窠头顶牢我格背脊，用两只手揿牢我格头跟脰颈。他格一揿，我嘴巴张开，牙齿碰牢烂污泥，但我不认输，我用尽力气，别转脰颈，对牢他骂："你什格弄，你拨我等来东！我迟早要跟你算账！"他倒是嬉皮笑脸："好好好，我等来东！"嘎蛮不讲理，让人气不过的尤胖，仗着自己力气大，抢掉我的左轮枪，汪先生你说，我是不是应该请你来帮帮我？

我说，我当时气都气煞，恨不得一块石头儿掟过去，拨他捉出血。

但是，经过汪先生的开导，我已经不像刚刚开始他请我吃绿豆糕格辰光嘎气呼呼，因为左轮枪格主人，不是我，也不是尤胖，我们两个都不是，只不过有前脚后步，我是先，他是后。汪先生说："从先来后到的道理上来讲，他是输的。"不过，汪先生开导我，他说："你跟他打架儿，你最后有没掴着便宜？"我摇摇头。他又问："你想要那把枪，你格卯有没搦到啊？"我又摇头。汪先生笑的，汪先生问我："格辰光，你想不想吃一块绿豆糕啊？"我说："我想吃的！"我叭唧叭唧，吃汪先生绿豆糕格辰光，他笑眯眯地点头，汪先生告诉我："你胃口开的，就是一桩好事体。胃口开说明你豁开了一条通道，没有塞牢，通道越多，脑子越活。你一边吃绿豆糕，我一边来告诉你，你碰着格套事体，应该接格应对。有一点你记把牢：你打，打不过人家；说，说不过人家，你迟早要吃亏。你至少要占一样上风，要紧辰光好救你。你模子小，拳头不硬，人家身大力不亏，所以你走拳头硬格条路，肯定走不通。所以你要走舌头软格条路。舌头软，就是指你会说话，晓得啥格辰光说啥格话。哪句话能够点腰子，让人家难过是哪句话；撸顺毛，能够让对方开心的，又是哪句话。拳头、舌头，你两头起码要占一样，两样全部不占，全部脱空，将来只有吃苦头，也没了闯码头格本钿[24]。"

汪先生格话语，听得来我好比是"汤药加膏药——服服帖帖"。但真要拨人揿了地上拷，拨人抢了东西，总归让人不服，格辰光，如果拳头不硬，又接格用舌头去对付那个尤胖呢？

汪先生到底老炮儿，他笑眯眯对我说："用舌头说话，看看简单，其实是门学问。会说话的人，一句话让人笑；不会说话的人，一句话让人跳。你话语说进人的心里，讲出心里话，他就会听你；你讲不到人的心里，只讲到人家肺里，那就是一句肺（废）话，他要么不理你，要么记恨你。比如尤胖搦了你的枪，招呼不打，自说山话，搦了就走，他没有道理在先。但你发现，他也欢喜格把枪，你落得大方一点，拨话语说得漂亮：你也欢喜格把枪啊？格么送拨你！我们交个朋友，你拨枪翻新之后，你再搦来，我们一道搞搞儿。格套话语，有人六十岁也不会说，你才兹⁽²⁵⁾十二三岁，学格套话语，也早了点儿，但是你小归小，脑子里要有根筋，晓得拳头打不过人家，要用舌头说服人家，说法儿精通，以后照样能出山！来，覅为格把破枪伤脑筋的！我拨你再吃碗馄饨，吃块绿豆糕，你开心点儿，拨格套空佬佬的事体，撇撇开，本来就是摔摔来的东西，何必伤心呢？小伙子，如果你想着要报复，更是何苦。"

汪先生嘎诚心诚意教我，我当然只有小鸡儿啄米——点头的份。晚上睏勒眠床高头，想到那把左轮枪，我还是稍许有点儿不甘心，不过我已经不像最开始格辰光心里嘎恨。但我万万想不着，格把左轮枪，最后还是回到了我格手里。

为啥枪会回来？因为夺枪的人，不来东的！调皮滑沃的尤胖，真当一刻都停不落来，那天跟人打打闹闹，从岸高头打到船高头，从船高头又打到桥高头，一个崴拐儿⁽²⁶⁾，不当心从桥上跌落，头磕到人家的船帮，再翻落水里，他又是呛水，又是外伤，又是雨天沰雨，伤得来有点儿重，几天之后，他格小命就没的。但我没想到，过了"五七"，尤府管家斯先生，会到我们茶馆来，拨我送上那把枪，它用一块蓝花布儿包裹，我褪开来，左轮枪已经彻骨拉新⁽²⁷⁾，手柄是重新做过的，铁锈更是一束束都寻不出。我问斯先生："是他——让你带拨我的？"斯先生不响，点点头，又拍拍我肩膀，他说："他用小

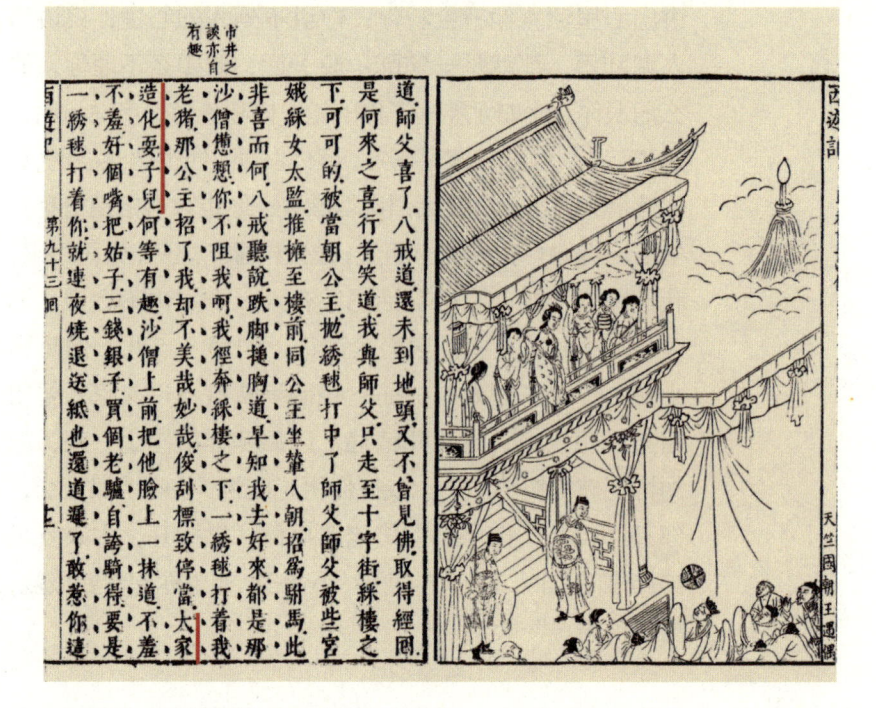

〔明〕吴承恩《西游记》中的"耍子儿"一词

苏打跟醋，汰掉了锈泥（28），收作了木佬长辰光，才兹收作好。枪是耍子家伙（29），你好好留来东。"斯先生说好，一掀长袍，跨过门槛走的。格桩事体，好比来东开导我，碰到事情，都不可太急，就像汪先生平日所说，事缓则圆，没见掉的东西，如果它属于你，它终究还会回来。我格心里，不但原谅了尤胖，还因为他格丧事，我没去哄一哄，搁着有点儿难过。我告诉了汪先生格桩事体，我问汪先生："不晓得格把枪，是尤胖临走前交代大人，让他们送回来，还是他们屋里厢晓得枪格来历，特为送回来？"汪先生说："一样事体，不一定都要寻一个答案，但人家让你做格事体，你都拨人家一个答案，人家就会搁着你，靠得牢！"

【三句不离"本杭"】

各位看官：

咱们这本书，从"壶笑天"茶馆开始，热热闹闹开场了，这会儿，要进到"三句不离'本杭'"版块了。有的朋友也许有些纳闷儿，你刚才不是用杭州方言，好好儿地给咱们说着故事吗，怎么又来这么一出？这横出来的这一节，是个啥意思？而且，为啥到了这一节，杭州话就变了普通话，还带那么点儿"京片子"？那咱们就简单解释几句：前头的故事，就是个故事，用杭州方言——这一吴语当中的"支流"，融汇了"国都官话"，南北语音的方言，说着百年前杭州古运河畔，一家茶馆里的大事、小事、开心事、烦恼事。而到了现在这一节，则是对前头故事里的方言精粹，做点儿延伸和考证，来点儿分析与点评，而且，是着重从方言透露的文化内涵、价值取向，给唠叨几句。之所以用普通话，是希望扩大阅读面，让新老杭州人，不居于杭州的各路人士，在前后两节文字的对照阅读中，读出些意思来，品出我们杭州方言的味儿。前头的故事，算是个景点，后头的"三句"，算是个导游词，前头的故事，是百多年前的，后头的"三句"，是当下人在说的。

这"三句"里，有一些"本字考"，有些"读音考"。这也是个棘手的活儿，就算语言专家，也未必能字字考证落实该字为何这么读，那么写。打个比方吧，鲍士杰先生是个语言学专家了，研究杭州方言是老行家。可是"昨日子（昨天）"为啥在有些老杭州嘴巴里，读作"上额子"？它是受了哪路方言的影响呢？鲍老实话实说，这难以说出个道理，只能说是"约定俗成"。再比如，文史专家曹晓波研究杭州方言功力很深。他考证，明清话本小说中常用的"恁地"，是杭州方言"什格"的前身和原型，用来表达"如此,这样"的意思。可是,为什么发音为"嫩地",字形也和"什格"搭不上边儿的"恁地",它就演变成了"什格"呢?这中间,有啥曲曲折折呢?追踪、描绘这条演变之路,也许十分漫长,也许"踏破铁鞋无觅处,得来全不费工夫",咱也就不去和语言学专家、文史专家抢夺这只饭碗了。那么,咱不在那儿费力,咱们的力气用在哪儿呢?是用在讲一个故事的同时,顺带着把跟杭州方言相关的世态人情给理一理。比如前文里,汪先生要小杭注意练舌头上的功夫,其实就是练好语言,做好"内秀"的文章。

研究杭州人说话的技巧,他们习惯于从反面,对不通言谈的人作出劝诫乃至嘲讽,譬如:

(1)吃隔夜螺蛳;(2)吃生米饭;(3)吃生葱;(4)牙齿笃笃齐;等等……

(1)吃隔夜螺蛳:这句话主要包含了两层意思。一层意思是螺蛳要吃新鲜的,才能吃出赛过鹅肉的美味。放置过隔夜的螺蛳,味道不正,而且很难吸吮。杭州人说某人说话翻来覆去,啰哩啰唆,说不到点子上,就好像在吃隔了夜的螺蛳。现烧的新鲜螺蛳,嘬一下,肉就吸出来了,隔夜螺蛳嘬多次,嘬不出肉,"嘬、嘬、嘬"与"说、说、说"音近,就变成说不灵清(啰哩啰唆),太背时!第二层意思是放置隔夜的螺蛳,不好吃、不新鲜,肉质发硬,容易变质,所以吃隔夜螺蛳的人是少之又少。因为螺蛳肉臭,代指该人嘴巴臭,说话不中听,借了隔夜螺蛳这么一个媒介物,对人加以训诫。

(2)吃生米饭:生米硬邦邦的不含水分,可想而知,吃生米者说话,也是硬邦邦的。吃煮熟做好的饭,那是个常态,合情合理,谁会不管三七二十一,抓起生米就吃呢？那不合常理呀！对，吃生米饭的人，就是不合常理的人，他说出的话，才会不入耳，这是为乱说话者敲的警钟。

（3）吃生葱：生葱味道比较冲，吃到嘴里，辣乎乎的，和江南人所喜好的口味相去较远，用作比喻人的说话方式，是指此人凶巴巴的，没啥好态度，又傲慢又无礼。

（4）牙齿笃笃齐：牙齿上下对齐，看着美观，但杭州人劝诫他人牙齿笃笃齐，不仅为了美观，主要指该人胡言乱语，说了不该说的，不靠谱的话。这是一种曲折的表达，不直言他人言语不对，而是委婉地说牙齿长歪了，导致说出的话歪歪扭扭，不像样子，像歪瓜裂枣。话说得不好，不到位，不中听，本该怪此人修养不够，墨水不足吧？但杭州人偏不，偏要说是此人牙齿不齐，导致话说得难听。这，可以看作是拐着弯的，不带脏字儿的骂人，也可以视作一种南方的幽默，但这种幽默，已经带出一丝火药味儿。

以上这些词儿，全跟吃有关，但字字针对的，全是说话态度、说话方式，从反面强调言语的重要性。它从柴米油盐、家常俗事中发掘说话材料，虽是指责，又带戏谑，直率而委婉，是逆耳的忠言，也是苦口的良药，从字里行间，能读出杭州人的生活态度。

当然，在津津有味谈方言的同时，能够顺带考证出某个字的正确读法、写法，这也是皆大欢喜的事儿，何乐而不为呢？咱这儿举两个例子：第一，小杭受了尤胖欺负，想要用石头"掟"他，这个"掟"，许多杭州人会说不会写，因为这个字，《现代汉语小词典》（1983年修订版）没有收，但通过网络搜索，可以清楚看到，这个汉字，读音、字义全都符合杭州方言用法。掟的发音，同"定"，意思是以物掷射也，以现代汉语表述，即"投掷"。这个"掟"，既在陕北方言中出现，也在粤语中出现，和杭州方言意思相同，说明这个字的适应性还挺强。

第二个例子，是"浞"。前文中，尤胖在桥上，浞雨和人打闹，这个"浞"字，也是杭州人常用的。浞雨，等于淋雨。《现代汉语小词典》收了这个字，字义为：淋，使湿，发音同啄木鸟的"啄"。雨哗哗地下，淋湿了人，淋湿了物体，都可称"浞湿"，在老杭州人口中，它的出现频率相当之高，但在现代汉语写就的文本中，以我目力所及，几乎不见踪影。

杭州方言中，许多字有音无字，或者确切地说，字是有的，只是不知怎么写，在现代文本中找不到运用的范例。它们究竟都躲在哪里呢？鲍士杰先生说，它们有的躲在韵书《广韵》《集韵》当中；有的在字书《说文解字》当中；曹晓波先生认为，杭州方言来源驳杂，兼容并蓄，加上发音时，前后鼻音时常不分，使得语音和文字脱节，无法一一对应。杭州方言的很多文字，古色古香，古韵悠悠，在现代书写中，虽常常缺位，但在杭州人的唇齿之间，它们依然活着，成为我们"嘴边的乡愁"，当然，要以文字方式，让它们"一一神兽归位"，还是得花不少工夫。

词语注释：

（1）老炮儿（lao pao er）：老江湖
（2）常户头（zang wu dei）：常客
（3）里厢（li xiang）：里面
（4）拨（be）：给

（5）囥（kang）：藏

（6）接格（jie ge）：怎样

（7）格辰光（ge ren guang）：这时候

（8）搦（no）：拿

（9）嘎（ga）：这样、这么

（10）糊里踏邋（wu li de le）：烂糟糟、稀巴烂

（11）掇（de）：端

（12）戳兮兮（co xi xi）：心里不舒服、心里窝火

（13）发靥（fe yan）：有趣

（14）嗒味道（da vi dao）：品味道

（15）豪燥（ao sao）：动作快、快点

（16）汏（da）：洗

（17）挺括（tin gue）：平整

（18）覅（biao）：不要

（19）抲（ya）：硬咽、硬吃

（20）别牢（bie lao）：想不通

（21）搁着（go ze）：觉得

（22）汪（wang）：泼辣、凶悍

（23）煞煞招招（sa sa zao zao）：重重地、结结实实

（24）本钿（ben die）：本钱

（25）才兹（zai zi）：才

（26）崴拐儿（wai guai er）：崴脚

（27）彻骨拉新（ce gue la xin）：崭新

（28）锈泥（xiu ni）：锈斑

（29）耍子家伙（sa zi jia hu）：玩具

第二章　汪先生训小杭

"上回子你们阿姐四娘，看你不听话，真当气疯一样，蹦进打出[1]，用棒儿追了你拷[2]，棒儿都拷坏三根，你还记不记得？不听话，就要骨头搕搕熟[3]，等了吃生活。但你想过没，她拷你，为啥拷得嘎凶？我平时都帮你讲话，格天为啥不帮？道理来东哪里呢？因为你小小年纪，好学不学，去学人家讨饭调儿，让你们阿姐伤心煞[4]！

"你们阿姐阿弟，格卯[5]爹娘走的，她格老公格卯管自己拍屁股走掉，不晓得他人来东哪里，不晓得他是死是活，她格心里厢，啥格味道？

"你么，吃吃荡荡，不肯好好交读书，白天闲游走四方，夜里添油补裤裆，你要是瓣了坏道[6]，走了邪路，她会觉着她这个阿姐没做好，她接格[7]对得起你们死掉的爹娘？

"你欢喜唱唱调儿，哼哼小曲儿，汪先生也蛮欢喜的，关键是，你唱的啥格调儿？'正月拜年嗑瓜子'格支小曲儿，上次你唱得来滚瓜烂熟，格卯你还会唱伐？"

小杭唱："正月拜年嗑瓜子，二月清明包团子，三月上坟坐轿子，四月种田下谷子，五月端午包粽子，六月走路带扇子，七月风凉抖料子，八月月饼嵌馅子，九月重阳吃栗子，十月金橘夹橘子，十一月里正冬至，十二月冻煞叫花子。"

"对呀，你平时说说唱唱，因为是小伢儿，没人当你一回事情，只当是个开心相，但你跟了叫花子后头，又唱又跳，学他讨饭调儿，莫非你大起来想当叫花子？你吃了嘎有趣？难怪你们阿姐要火煞快。格么我问你，你学了他半天，那只讨饭调儿有没学会呢？"

小杭道："会了！今年大发财，元宝滚进来。大元宝，做生意，小元宝，买田地。元宝圆又圆，生个儿子中状元；元宝两头尖，金银珠宝万万年；元宝中央高耸耸，全家吃穿不愁穷；元宝调个头，养了一栏大水牛；元宝翻个身，满柜黄金黄澄澄！"

"嗯，记性不错，调儿都学会了，学东西学了倒是快的，但你要晓得呀，人家带了格只调儿，是要讨口饭吃的，你挜到他们堆里，到底想作啥？我格卯告诉你，有的调儿，你听听可以，听过算数，不可以去学，比如有些诉苦的调儿，你去学他们，倭七倭八[8]再唱出来，你就是来东戳他们的伤疤，让人'苦瓜吃过吃黄连——苦上加苦'！打个比方，你听听看，格只调儿为啥学不得？

一个鸡子一个黄，哪个小囡不想娘？
想起娘来心事多，关起房门哭一场。
南风暖，北风凉，好煞的公婆不如娘。

"唱了半天，有没听出来唱的啥西？是唱姑娘儿嫁到婆家之后的不如意。为啥不如意？无非是两种情况：一种婆婆凶、公公汪，老公弄得不好也是个汪揉胚[9]，虐待新娘子,让她打落门牙往肚里咽;另外一种,她自己作,做人不会做,日子过得戳兮兮,越过越难过,所以想想还是娘家好!你看,你学格种苦调儿,对方听了,啥味道?哪些人唱的苦调儿是真当苦?天下第一苦,摇船、打铁、磨豆腐;天下第二苦,庵堂修行做尼姑;天下第三苦,年纪轻轻做寡妇。跟他们搭边的,都是苦调儿。调儿唱得人不落胃,不如不唱。

"再一个,你不是格只行当里的人,不可以乱唱人家的调儿,你听道士唱的《骂狗调》:

格只是格啥个狗?稻草窠里翻跟斗。
格是一只偷吃狗,肚皮饿了爬灶头,
吃饱肚皮睏懒觉,一觉睏醒翻跟斗。
格只是格啥个狗?又摇尾巴又晃头。
格是一只讨好狗,天生脸皮特别厚,
骂它它摇头,拷它它不走。
格只是格啥个狗?身上呒毛光溜溜,
格是一只癞皮狗,两只眼睛乌溜溜。
勿要睬伊快点走,当心让伊咬一口。
格只是格啥个狗?老是跟了脚后头,
格是一只马屁狗,见人它就跟着走,
三里五里勿嫌远,就为讨块肉骨头。
格种狗来那种狗,呒有一只是好狗。
一刀一只杀把光,统统剥皮拆骨头,
狗肉喷喷香,辣子爆炒过老酒。

"《骂狗调》骂的是狗,指的是人,那些好吃懒做,游手好闲之人,那些奉承拍马的户头[10],豗脸豗皮的无赖。《骂狗调》是道士做道场格辰光唱的曲儿,他是道士,所以他有权力骂人,为的是劝人开悟,劝人回头,你不是道士,你就没资格来唱。屁股底下没'位儿',头顶心上没'帽儿'，就是一没身份，二没头衔，你有些事体就做不得，有些调儿唱不得。

"但是有的调儿，随你接格唱，大家都听了蛮高兴，因为唱到天边，也实在是不伤脾胃的，比如你唱的：

茴香豆，五香料，杭州城里酱油烧。
绍兴老酒做香料，茴香桂皮加两条。
五香豆儿冰糖烧，晚上煮起到清早。
几个铜板买一包，打将开来木佬佬。
客人如果吃得好，一定还要添一包。
今朝不来讨添头，明朝就要换码头！

"你学唱格套调儿，你不得罪人，只管唱来东。再比如：

一本万利开当铺，二龙戏珠珠宝行，
三鲜海味南货店，四季发财水果行，
五颜六色绸缎庄，六六顺风开钱庄，
七巧玲珑箍桶店，八仙过海开茶坊，
九九归原酿造厂，十字街头开米行。

"格是唱的《行业谣》，用一到十的数目字儿打头，串起了一只调儿。杭州城里还有几只古人歌，上回我听你也来东唱，你会唱哪几只？"

小杭唱："一人一马一条枪，二人相争古战场，三气周瑜芦花荡，四郎失落在番邦，五（武）松打虎景阳冈，六（陆）文龙手拿双龙枪，七星归位诸葛亮，八仙过海吕纯阳，九犯中原金兀术，十面埋伏楚霸王。"

"好！你会唱，当然好，不过要晓得其中的人物，弄通其中道理，格才兹算到门！那个五伯伯，原先看你调皮滑汏，不学好，骂你'小斩头'。小斩头，就是我们说的'斩头鬼'，你是鬼，没成人，所以格还是一个'鬼'，吊煞鬼、枪毙鬼、炮煞鬼、饿煞鬼，我们都用来骂人，说你吃东西来煞不及，一口连牢一口，人家就会骂你'饿煞鬼投胎'。做鬼，地位忒低，所以你要做人，覅做鬼。

"但是，人没嘎好做。你想让人称呼你'林大人'，格你当个县官老爷，'大人'的称呼才兹会听得心安理得；你要人家称你'官人'，那你就要混出名堂来，有头有脸，人家才会称你'官人'。你想普普通通做个人，也有几个档次。一般的，叫老倌，这个老倌，那个老倌，倌是个百搭。搭牢店堂，叫'堂倌'，就是跑堂的；搭牢一群羊，就叫'羊倌'，就是放羊的；搭牢有钱人家的房门，叫'门倌'，就是看门的人。这个倌，那个倌，都是实实在在做事体格老倌，地位么，说高不高，但总有正儿八经一份生活来东做。当然，你最好覅去做'宝倌'，那是赌场当中，负责摇宝、开宝的人，吆五喝六，不是啥格正经人做的行当。格卯么，这个老倌，已经是某一个人的意思了。

"我们杭州人，还有一个'佬'的称呼，地位好像不大稳，好比钱江潮，行情一歇儿看涨，一歇儿看跌。看涨格辰光，阔佬、大好佬，都是风光得意的人，虽然称呼里带点儿嘲笑的意思，但总归小看不得；如果做个和事佬，为人调解纠纷，排忧解难，还是蛮受人器重的。如果是杀猪佬、扪鱼佬呢？做格生活吃力一点，但也是自食其力，靠力气吃饭。如果是僵歪佬、蛮忤佬，格就不上品，不到门了。僵歪佬好像霜打的茄子，没了筋骨，风吹跌倒，喳屁头晕，一副没几天好活格样子；蛮忤佬，蛮不讲理，凶邦邦，格种人离他越远越好。所以，做人沾着'佬'字，地位稳不稳，全看个人表现，表现好，你沾的那个'佬'字也就地位上升的，日子才好过。

"最后再来说一个'胚'字。胚,指胚胎,做人如果只有一个胚胎样,没有一个人样,说明做人做得不好,不及格,比骂人是鬼都不如。因为骂人是'大头鬼、斩头鬼、吊煞鬼',都是来东骂他的前世,他投胎前头的样子,但是说人是啥个胚,啥个胚,往往是指格卯、目前、当下的现世,现世做人做不端正,只得了一个发育不全的胚胎样子,就想出来混世界,能够混出个啥名堂?骂人牛胚,算是轻的,因为只是说一个人有牛的体格,牛的模样,而说一个人是强盗胚、杀胚、下作胚、懒惰胚、贼胚,那就带有侮辱性。所以,话分两头说,一则,我们骂人不能嘎骂,骂得太难听,让人听了,像吃了一只苍蝇;二则,我们自己也要检点检点,照照镜子,看看自己有没有做得过头,做了不该做的杀胚、贼胚,活该拨人骂?

"话语说远了,拉回来。来东杭州做人,有几个阶段:'鬼',是前世注定的性子、脾气,怨不得你,但是既然现世做人,脾气能改则改;'胚',是指做人不端正,是一个半成品、次品、处理品,要煞心煞肝脱胎换骨,才兹像个人样;'佬',虽然说地位不稳,但好歹凭自己双手双脚,来东混口饭吃;'倌',也是同样,他不偷不抢,做堂倌、门倌、羊倌、猪倌,旁人也不会多说他们的闲话。究竟你要做哪一等人?一句话,你能吃多大的苦,你才能享多大的福!

"好,你说你昨天还学过一只新的调儿,格么唱来拨我们听听。"

小杭唱:"关云长,吃了我的糖,擂鼓三遍斩蔡阳。刘备他吃了我的糖,养了阿斗做君王。张飞阿三吃了我的糖,霸凌桥上气昂昂。赵太祖吃了我的糖,单骑千里送京娘。和尚吃了我的糖,敲起钟磬响叮当。道士吃了我的糖，屁股朝天拜玉皇。皮匠师傅吃了我的糖，鞋面猪毛拔精光。铁匠吃了我的糖，锄口打得铁刀样。木匠师傅吃了我的糖，做得一张好眠床。泥水师傅吃了我的糖，墙壁粉得起亮光。裁缝师傅吃了我的糖，半夜不会补裤裆。"

"好！你的格段唱词，是从杭州说唱'小热昏'当中来的。上卯子为了你听小热昏，你格阿姐一肚皮懊恼，回来向我发牢骚，说：'汪先生，我们小杭，听小热昏听得混沌沌，好比入了魔窠，连饭都飖吃，你说接格有格种伢儿？要么你去劝劝他？'我说伢儿欢喜一样东西，你最好先让他过足瘾头，让他听，让他搞，搞得七荤八素，他若是一阵风，格么吹过算数，如果是真心想学，格么想办法去学出名堂。四娘有点儿急起来，说：'汪先生你接格帮伢儿说话语？格你帮我问问他，是不是想下卯子吃格碗饭，去卖梨膏糖？'你们阿姐看到的小热昏艺人，头上套了一只头套，脸孔涂了胭脂，血裂大红的一张脸孔，看得人汗毛凛凛。格顶头套之上，还有一根尾巴，翘翘起格，猢狲精不像猢狲精，我真当有点儿看不落去。他的身边，挂一盏汽油灯，脚底板儿底下，是一张长长的木凳儿。那盏汽油灯靠酒精引火、打气，白晃晃的亮光，照得来旁边刷刷亮。我说，一个人，一面小锣，一张嘴巴，吸引嘎多人嗡拢来，能够拨人胃口吊牢，格也是了不得的功夫。小杭年纪还轻，年轻人毛头小伙，多吃几颗奉化芋艿头，多跑几只码头，多看几场戏文，学几只调儿，有啥不好？至于将来吃不吃格碗饭，做不做格门行当，又另当别论！每个行当，都有每个行当的窍门儿，你不是格块料，想做格门行当，就寻不着门路。'大生意开当，小生意卖糖'，有人靠了唱唱小热昏，卖卖糖，也能养活自己，养家糊口。听小热昏，是要听门道的哟，我来考考你，门道晓得多少。第一句话语：敲锣卖糖，各干一行，啥意思啊？"

小热昏梨膏糖

小杭说:"是指不同行当,井水不犯河水吧?敲锣说唱,是个行当,挑担儿卖麦芽糖,也是一个行当,各人有各人的生意经。"

"你看你看,听了嘎多辰光小热昏,还没听出其中门道!其实'敲锣卖糖,各干一行',小热昏里厢可以连起来看,因为他们说的是同一桩事体,都是唱小热昏。但小热昏不是只有一个行当么,接格又出来'各干一行'呢?格要说到小热昏的特点,它是不卖门票,以糖代票,小热昏的赚头,是挣了卖糖高头。梨膏糖(对治疗咳嗽有帮助)卖得多,唱小热昏就挣得多;梨膏糖卖得少,唱格人生计就会困难。所以,为了多卖梨膏糖,唱小热昏的就会寻找搭档,他们各有分工。'敲锣'的专管说唱,他的拿手本事,就是擅长'吊棚',就是擅长拨场地高头的观众稳牢,不让他们散掉,他要会说会笑,说说唱唱,掼出一只接一只的'包裹儿',噱[11]得来大家开心煞,格是'敲锣'的本事！但是轮到要让大家掏腰包了，要用真金白银买糖了，光是敲敲锣，说说笑话儿，就有点儿吃力的！所以'敲锣'的搭档——'卖糖'的登场了。前面那位'吊棚'的，叫作唱'前棚'，后面那位卖糖做生意的，叫作唱'后棚'。'前棚'讲究热闹开心，'后棚'则讲究实在、有鼓动性，能让人铜钿[12]拿出的，就是好汉！唱'后棚'要有完整的'包口'，也就是推销梨膏糖的'说口'。比如'咳嗽，咳嗽，郎中的对头，梨膏糖的拿手'。'大青娘吃了我格糖，嫁个老公开银行，老头儿吃了我格糖，说话喉咙邦邦响！'小热昏格行当，'三分卖糖七分唱'，但'三分糖'没有卖到位，唱煞不挣钞票，小热昏的艺人不是吃西北风啊？所以，'敲锣卖糖，各干一行'，真实意思是：各人干自己擅长的事体，但具体落实到小热昏格行当，就是指唱'前棚'与唱'后棚'的，各有所长。

"假设你将来年纪大起来，要吃小热昏格碗饭，你要先晓得杭州城里的民风、民情，杭州有交关方言土话，我下面再来考考你。"

"我们一句一句来：啥格叫'红萝卜上了蜡烛帐'？"

小杭答："张冠李戴。"

"啥格叫'饭店门口摆粥摊儿'？"

答："小生意叫板大生意。"

"啥格叫'破雨伞里戳出'？"

答："家丑外扬，自家人说自家人坏话。"

"啥格叫'数了和尚做馒头'？"

答："按人头分发，不浪费。"

"啥格叫'对着和尚骂贼秃'？"

答："指桑骂槐。"

"啥格叫'老虎追到脚后跟，还要回头看雌雄'？"

答："生煞慢性子，火烧眉毛也不急。"

"啥叫'猢狲抱不上树'？"

答："烂泥扶不上墙。上树是猢狲的本分，等到抱都抱不上去，格只猢狲还有没做猢狲的资格呢？"

"啥格叫'拉上黄牛当马骑'？"

答："不合适的人，做了不合适的事。"

"啥格叫'烂船还有三斤钉'？"

答："瘦死的骆驼比马大。"

"啥格叫'馒头吃到豆沙边'？"

答："事体将要做完，变故往往出了格里，要千万当心。"

"啥格叫'杭州萝卜绍兴种'？"

答:"杭州有木佬佬绍兴移民。"

"啥格叫'踏牢尾巴头会动'?"

答:"看人脸色,随机应变。"

"啥格叫'公要馄饨婆要面'?"

答:"众口难调。"

"啥格叫'恶人自有恶人磨,蜈蚣单怕蜓蜓螺'?"

答:"一物降一物。"

"啥格叫'暴吃萝卜三口生'?"

答:"不熟悉新行当、新规矩,像刚吃生萝卜一样,要呛着、辣着。"

"啥格叫'孵生不如孵熟'?"

答:"熟悉的地方,比陌生地方容易混饭吃。"

"啥格叫'齇鼻头碰着臭猪头'?"

答:"香臭不分,好歹不论,一路的货色。"

"啥格叫'冷了风里,穷了债里'?"

答:"冷天有风冷上冷,穷人背债穷更穷。有风的冷是真冷,背债的穷是真穷。"

"啥格叫'买来的炮仗人家来放'?"

答:"自家培育的果实,他人享用。"

"啥格叫'树叶儿跌落来怕打破头'?"

答:"胆小怕事。"

"啥格叫'算盘珠子,拨拨动动'?"

答:"人懒,眼里没活儿,不催不动,催了才动。"

"啥格叫'长了人中,短了鼻头'?"

答:"顾此失彼。"

"啥格叫'马背上吃亏,牛背上翻梢'?"

答:"翻梢,指赌场上把输掉的钱翻本赢回来,翻梢就是翻身。格句话,指甲处的损失,来东乙处得到补偿,就是东方不亮西边亮喽。"

"啥格叫'帐子脸孔,放落不认人'?"

答:"坐勒帐子里的人,你认不认得清楚是哪个?翻脸像放帐子一样快,帐子是说放就放,翻脸也说翻就翻,翻脸速度太快,所以叫'帐子脸孔'。"

"好!今朝就到格里。看得出,你平时也是用了点儿心,回答了不错,但是跟人交往,你还是要多用点儿心。一个道理懂得,还要会用,活学活用,不然碰着事体,像只呆头鹅,光是老了一张嘴巴,格就没啥意思了。上次你唱的《两头忙》，其实木佬发靥，但我为啥不让你唱落去，你有没想灵清？"

小杭答："想灵清的！刚刚有支迎亲队伍要从我们茶馆过，新娘子、新郎官，听到格套调儿，不吉利。"

"对，对，对，聪明！《两头忙》接格唱，还记得吗？

小杭答："记得。五月说媒五月娶，三月生个小儿郎。四月会爬五月站，六月叫爹又叫娘。七月进学把书念，八月就会做文章。九月上京去赶考，十月中了状元郎。十一月当官去上任，腊月告老还家乡。不知怎地害了场病，大年三十死他娘。有人问他啥名字，起名就叫两头忙。春夏秋冬活一世，一辈子没喝一口饺子汤。"

"好！格套歌儿，你来唱，我们来听，茶馆里唱唱听听，说说笑笑，多少开心？但是新娘子花轿从门前过，他们听了，就会拗滋搭味，所以我让你煞锣，你倒也蛮接翎子，马上嘴巴闭牢。做人嘛，就该拷拷头顶心，脚底板儿会得响，就应该'油多菜不坏，礼多人不怪'。

"汪先生格卯为你唱一只调儿，你听听看，调儿里厢，说了啥格道理？

　　姑娘十八要嫁郎，问侬嫁个啥格郎？
　　要是嫁个种田郎，泥手泥脚上眠床；
　　要是嫁个叫花郎，一只篮儿一根棒；
　　要是嫁个杀猪郎，日日夜夜烧猪油；
　　要是嫁个卖油郎，起早摸黑串街坊；
　　要是嫁个裁缝郎，布头斜角做衣裳；
　　要是嫁个织绸郎，长年累月站机房；
　　要是嫁个经商郎，一年四季守空房；

要是嫁个读书郎，面对孤灯到天亮；
要是嫁个做官郎，日伴君王夜坐堂；
要是嫁个教书郎，称心如意过时光。

"上面格只调儿，你听出啥格道理呢？你慢慢交去想吧。我还是希望你，多坐落来，多读几本书，多拨肚皮里灌点儿墨水，色格左轮手枪，右轮手枪，你还是少搞搞为好。"

【三句不离"本杭"】

要说杭州话有哪些特点，这题目忒大，我们只能蜻蜓点水，点一点：

（1）杭州话：你拨东西拨他算的，省得拨他烦。

（2）普通话：你把东西给他算了，省得被他唠叨。

这两个例句，意思一样，比较后能看出杭州一字多用的语法特点。你看这个"拨"，它能充当介词"把"，又能充当介词"被"，还能充当动词"拨"的发音，注意，只是发音，用来表达"给，给以"的意思。一个"拨"字，好像全能运动员，一身几任，几头通吃。

杭州话里，还有个"卯"字，也是可以两头靠。古代，卯时指早晨5点到7点，这是官府上班的时辰，公务员点卯画卯，也就是点名签到。"卯"，在杭州话中应用较为频繁，既表时间，也表数量。如果用作时间，那么"格卯"是指当下、现在，"头卯"指刚才，"上卯"指上回，"下卯"指下回，"落底卯"指过去、以前。用作数量，"第一卯、第二卯、第三卯"，表示"第一回、第二回、第三回"。

语言学家鲍士杰说，古代的"卯"既表时间又表数量，这种用法，杭州话继承了下来。

如果换个角度，从声音表情的特点上，来分析杭州话，那么滑稽戏演员范哈哈的杭州话发音，比较原汁原味。范哈哈，原名范良益，浙江杭州人，1907年出生，16岁开始学艺。他的杭州话定型于民国初年，鼻腔共鸣浓烈，鼻化音十分明显，于抑扬顿挫里，显示出世事洞明，人情练达。1958年，他在黄佐临执导，他自己编剧，上海天马电影制片厂出品的黑白电影《三毛学生意》中，扮演吴瞎子，把一口杭州话，说得有腔有调。

要了解传统杭州话，可以参看范先生的表演。

历来，苏州与杭州相提并论，所谓"上有天堂，下有苏杭"，但在语言风格上，苏州话糯，杭州话硬，差异明显。如果我们用苏州评弹作为参照系，来参照杭州人的语言审美，将会获得新的结论。上海评弹团演员吴新伯出生于1965年，毕业于苏州评弹学校，父亲是评弹表演艺术家吴君玉。据吴新伯回忆，幼时，他来杭州书场，发现杭州人喜闻乐见的评弹流派，是张鉴庭先生创立的"张调"。专家评价"张调"，虽是苏州评弹，却融汇、借鉴了京剧乃至绍兴大板的唱腔设计，表演特点"刚劲挺拔，顿挫明显，韵味醇厚，火爆中见深沉"。对"张调"表演风格的总结，也可挪借之，用来评价纯正地道的杭州方言。杭州方言和"张调"之间，有一种同频共振，杭州听众对"张调"如此追捧，是因为"张调"的味道搔到了他们的痒处，所以他们听过"张调"后浑身舒畅，好比吃了人参果，上下通气，毛孔舒张，身心倍感愉悦。

词语注释：

（1）蹦进打出（bong jin da ce）：跑进跑出

（2）拷（kao）：打

（3）搦搦熟（no no rou）：揉揉舒坦

（4）煞（se）：死

（5）格卯（ge mao）：现在

（6）掰了坏道（ge le huai dao）：交了坏朋友，掰道意为交朋友

（7）接格（jie ge）：怎么

（8）倭七倭八（ou qie ou ba）：为人处世不明事理

（9）汪搡胚（wang suang pei）：不讲理的人

（10）户头（wu dei）：指某人，略含贬义或调侃

（11）噱（xue）：逗

（12）铜钿（dong die）：钱

第三章　汪先生谈四娘婚事

贾先生，你是秀才，识文断字，舞文弄墨是一把好手。我呢，不是秀才，但好歹也读过几本书，识得几个字，混充半个读书人。反正不管读不读书，说来说去我们都是男人，男人天经地义要谈女人，谈男女之事。你落底卯说，吴越国王木佬佬欢喜老婆，老婆回娘家，国王想她的，就写信拨她说："陌上花开，可缓缓归矣！"成为千古名句。"陌上花开"，你说是春天来的，田间花儿开了，格套解释是对的。钱镠后头再跟一句："可缓缓归矣！"格句话语你认为是国王来东关照老婆，对她说："你好慢慢交回来了！"你说，格是因为国王来东皇宫里厢等勒哈[1]，就等老婆一道来赏花。你的解释，格就大错特错！王妃回老家探亲，古时都有一套规矩，一套章程的，几时回娘家，几时回皇宫，一定是板板六十四，有定规的，哪里有她想庵几天，就庵几天的？到了约定辰光不回皇宫，那是触犯法条的！我们杭州男人当国王，要让夫人从娘家"缓缓归"，注意，那一定不是让她好"慢慢交回来了"。不是的！因为来东规定时间里，她动身回了皇宫，格么她跟爹娘团聚格辰光就少的，娘家野外风光，她也没辰光好多看的，所以钱镠写拨她的"可缓缓归矣！"实际上是拦勒她，不让她急于回皇宫，实际要她晚点儿回来，多陪陪爹娘，多赏赏野外美景,看看陌上好风光,格才兹是正解。你要晓得杭州人待人好,从来是不催人的,催人的感觉是怠慢人家的。所以,要待人客气,一定是让人慢,不是让人快。请客吃饭:"我酒吃好哒,你慢慢交来,菜蔬多吃点。"送人去外地:"你煞坦格来,出门勒哈外头,自己多当心啊!"格些都是不催的,不能让人背后有人在催,如果催了:"豪燥豪燥,你快点儿吃,吃好算数!"格不是请客吃饭的套路,而是对待犯人的套路,是来东催命;或者是对待伢儿的态度,是来东教训小辈儿。客人要是听了格些话语,他搦了双筷儿,会进退两难,哭笑不得,吃也不是,不吃也不是,一定会打呆鼓儿。而最不客气的催人的说法还有:"你来东杀头延时辰啊?豪燥快点儿!"格套话语,都是让人懊恼,甚至要翻脸的。

所以,贾先生,你我都读过两本书,要会读书,先要读人,知人才能论世,你同意伐?

好,既然你点了头,格我跟你谈下一桩事,也是你跟我讨论过的,茶馆店老板娘林四娘的婚事。林四娘老公小张,已经三年的,不晓得溜往何方,活不见人,死不见尸。但据我晓得,格位小张还活来东,有人见过他,只是不晓得他躲了哪只角落头,他不愿露面,让四娘守了活寡。

格么四娘要不要再等小张?要回答格只问题,我想先要弄灵清小张是啥格人?早先四娘的爹,因为儿子小杭还小,当不来顶梁柱,特特为为,寻小张来做上门女婿,实指望他们两夫妻能够安安耽耽,守牢一爿茶店,不愁吃,不愁穿,他们二老也就放心的。但是哪晓得小张是个潦荡胚[2],是个末代儿子,就差额骨头上明当明写个"懒"字。他帕儿不汏一块,饭不烧一顿,文不像誊录生,武不像救火兵,只会饭来张口,衣来伸手,坐坐吃吃,屋里厢请进什格尊"菩萨",真当是"前世作孽,裤裆豁裂","拜堂听到乌鸦叫——倒霉到了家"。格老倌本身活来东跟死掉,有啥格区别?格卯他管自己逃掉,四娘等了他三年,没有再嫁,再等落去,还有没有个尽头的?所以我看还是干干脆脆,让地保、邻舍隔壁拨她做个见证,让她重新再嫁个人。有了大家见证,即便小张回转来,搡东西骂人发牢骚,怨老婆不等他,不管他怎么寻事儿,大家都有话语好回待他,不让他占了上风。

好,接落来我们再说第二个问题,四娘若要嫁人,嫁拨哪个比较好涅?有两个候选人,明当明摆来东:一个是她茶馆店的帮工,一直想讨她做老婆的苦根;一个是做生意蛮"挖心"的尤家尤老爷,也想讨她回去,做姨太太。

四娘要嫁,究竟嫁哪个?两派意见:一派是嫁苦根,苦根年纪轻,火力旺,待四娘真心,扑心扑肝,嫁格套人不会勒大富大贵,但也不会躲勒棉被筒里哭,躲勒灶头间哭,就算苦根没大的出息,但也不会拨女人家淘气。而另外一派么,就是劝四娘嫁拨尤老爷了,他们说,四娘如果跟牢尤老爷,格她就是胡雪岩的罗四太太,能够助尤家兴旺发达。

上次人家问你有啥看法,你是"风吹墙头草,东吹西倒,西吹东倒",刀切豆腐两面光,说四娘心好能干,嫁哪个都会幸福。你倒真当会说话,格套话语掼出来,人家抓不着你辫儿,挑不出毛病,而且保证你"东倒吃羊头,西倒吃猪头",叫勒格滋润。但是你要我说,我就会一五一十,摊开来帮四娘分析分析,你听我说了对不对。

四娘嫁拨尤老爷,有可能先甜、后苦。嫁拨苦根,有可能先苦、后甜。

尤老爷屋里铜钿银子不少，赅富的，他有管家，有佣人，四娘嫁过去，估计是绫罗绸缎，坐坐吃吃，有福可享。但是说有人拨尤老爷比作胡雪岩，拨林四娘比作罗四娘，格就有点儿不伦不类。第一，尤老爷跟林四娘，落底末手里没有交集，他只是见过四娘，认为她相貌儿不错，条杆儿出挑，所以想寻姨太太格辰光，就想到了她。用简单一句话来说，叫"见色动心"。而胡雪岩跟罗四太太，格就跟他们不一样，胡雪岩跟罗四相识比较早，胡雪岩还没发迹，还是一只小蒂头格辰光。罗四接济过他，罗四的精明能干，是拨胡雪岩留落印象的，所以后来胡雪岩碰着罗四，想请她进家门，并非贪图她的美色，像请回一只好看的花瓶儿，摆摆看看。他是请罗四来掌控财政大权的，是帮他舵的。胡雪岩请罗四，不忌讳她是寡妇，不忌讳她带个"拖油瓶儿"，一门心思，请她来做"掌印夫人"。而罗四涅？不负所托。有了她，胡雪岩好比老虎生出了翼翅膀，一飞冲天，罗四太太功不可没。而尤老爷屋里厢呢？他根本没想寻人来"掌印"，他有管家，有账房，还有一个帮着照管丝厂生意的大儿子，他们哪一个是省油的灯？林四娘嫁进尤家，不吃亏已经祖上积德了，霎想占太大的便宜。

第二，林四娘格手腕，跟罗四太太接格比？胡雪岩屋里厢，一位正房太太，十二位姨太太，十三个女人家，罗四太太轧了中间，游刃有余，不伤皮毛，还能掌控大局，格是啥格手腕？格是《红楼梦》里薛宝钗的本事哎——"又要自己便宜，又要不得罪了人"，还要再挽两瓢夔儿王熙凤的"煞渴"⁽³⁾，格才兹是罗四太太的面目。

哟！尤老爷屋里厢来人了，斯先生来了。斯先生，寻我啊？有啥事体？让我到尤老爷屋里去一趟，带支野山参？哟，老爷身体又不到门的？好好好！贾先生，格我先去尤家，回过头我们再接了聊！

（去过尤家一段时间之后，汪先生碰着贾先生接着聊。）

贾先生，来来来，我敬你一杯茶，鄙人以茶代酒，祝你好运长久。问我为啥敬你？唉，孩儿没娘——说来话长呐！

上卯子我还来东笑你，碰着事体，不肯明确表态，宁做墙头草，东风吹西倒，西风吹东倒，但格卯我发现，有种事体，还真当不能急煞呜啦表态，事态不明朗，形势看不清，站队站不好，格辰光做墙头之上一根草，不声不响，静观其变，是顶顶高明的！格卯尤老爷屋里请我过去，你当是啥事体？原来是让我做中间人，去探林四娘的口风，如果她肯嫁拨尤老爷做姨太太，格么就接过门，为尤老爷"冲喜"，让他的毛病好起来。尤老爷毛病来得急，一时昏迷，一时清醒，让尤家人心事担煞。我看到尤家老大不断叹气、搓手，他们格管家斯先生脸孔铁青，也像魂灵儿没见了一半，我就劝他们，"冲喜"不是你们一家门的事体，是两家的事体，甚至还有第三家，就算四娘点头，愿意进门做老爷的姨太太，格么她茶馆里的苦根呢？他离"壶笑天"茶馆老板的位置，好像只推板了一刨花儿，周边邻里街坊，都晓得他想娶四娘。要是听到四娘要嫁尤老爷做姨太太，他会不会藤头脾气发作，横插一杠子，拦了中间不肯让路？所以想要过河，先要铺桥，苦根就是格顶桥，格是第一点。第二点，尤老爷本身有啥意见？他对"冲喜"是啥格态度呢？

斯先生听了，有点儿懊恼，他说："老爷本身说得出意见，也就覅我们作主了！老爷睏勒眠床高头有十来天的，请了好两位郎中来医他毛病，都不见效，再不想个'极办法'，就怕老爷的毛病会越来越重，所以我们也只有拨林四娘当一味药，来救救我们老爷。她能够成全我们，救回老爷，格是我们的福气。"斯先生说话格辰光，尤家老大一直唉声叹气，好像要拨肚皮里的怨气、晦气，都吐光叹尽，才兹会舒心落胃。我提出我要见见尤老爷，我想看看他的病情，我们屋里因为开参店，多少也认得几位名医。我去看尤老爷格辰光，心里来东盘算，再请哪些名医，来拨尤老爷诊病。但是我问问斯先生，几个我认识的郎中，都已经拨尤老爷来诊过病，以常规套路医毛病的牌儿已经打光。我看到眠床高头的尤老爷，浑身浮肿，特别是脸孔，更是胀鼓鼓的，青黄青黄，好像一个发面团一样，样子有点吓人捣怪。"尤老爷，尤老爷！"我叫叫他，他喉咙口"咕噜咕噜"两声，乌珠翻叽翻叽，他想说啥西，又说不出，声音始终来东喉咙口，咕噜咕噜翻跟斗。据斯先生说，两天前头，尤老爷还能说话，只是说自己看东西模糊，好比雾里看花，还背了一句宋人的诗，"雾外江山看不真，只凭鸡犬认前村……"但是两天后头，他只有"咕噜噜"的喉声，而说不出完整的句子，眼睛前头估计是一团云雾，视物不清，再嘎落去，确实只有死路一条了。尤家人的急，情有可原，我也是急人所急，急了之后，就急出一个法儿。我告诉他们，我有一个朋友是草头郎中，身上囤了不少怪方、偏方，都说"偏方一味，气煞郎中"。格位草头郎中，老早已经死掉的，但他留拨我的偏方，我倒是可以搦出来，让老爷试格试。效果接格套，我不打包票，而且偏方里有尿污之类，看上去比较"粪相"，但既然尤老爷病重到格地步，能够用的法儿，最好全部用格用。我还是主张，先用医药救老爷性命要紧，请林四娘"冲喜"之类的法儿，是没有办法的办法。我格一番话，入情入理，尤家老大、管家斯先生马上认可，他们点头好比鸡啄米，让我先搦出偏方，他们马上准备药材。

不过，格味偏方确实偏：取尤老爷家房顶瓦片，敲碎放进尤老爷自用的夜壶，搅入黄酒洗荡，再用倒出的黄酒烧煮肺头，喂拨尤老爷服用。因为尤老爷一向欣赏四娘，我可请四娘帮忙，剪落她自己的青丝三缕，放进格一壶黄酒，以助尤老爷康复。我说，偏方偏方，正因为偏，不少方子说不出个道理，只是有人用过有救，所以就流传后世。人的小便又称轮回汤，晒干了称"人中白"，可以清热降火，止血化瘀。加一加林四娘的头发，是我临时想到的一只噱头。反正我对医术，也是个"三脚猫"，甚至三脚猫都算不上，只是平时也欢喜看看医书，想想医术，搁着有点儿意思。

偏方交出，尤老爷屋里厢火速用夜壶荡老酒，炖出一只上好的肺头。肺头汤掇到尤老爷面前，味道直冲他的鼻头，一副瞌睡懵懂的尤老爷掇过钵头，"咕嘟嘟嘟"，一口气拨格碗里肺头汤吃光。他喝饱就眠，连眠八个钟

《民国杭州府志》卷七十五《风俗》中的"三脚猫"与"板板六十四"

头之后爬起来，拨那碗肺头的汤汤卤卤，一点儿不淘剩，全部吃进嘴巴里厢。最后一口，他嚼啊嚼，嚼了半天，忽然打出一个极响极响的喷嚏。旁边的佣人，掇着一只吃剩的空钵头，煞心煞肝吓了一头，差点儿钵头落地。

尤老爷跟阎罗王打了个照面，鬼门关荡一圈，居然又还转。他先是左面一只眼睛，慢慢交恢复视力，看得清蚊帐挂钩，认得清人；再是右面一只眼睛，慢慢变亮；浑身的浮肿退落，是来东三天后头，他格额骨头，一点一点滋润，手指头慢慢交越动越活络，他搦了两颗核桃，放勒手掌心旋；两只脚呢，一周后落地，脚掌可以摆平了地面，可以由人搀搀移格几步，再移格几步。我有一天拎了桂圆荔枝干去看他，他已经彻底还阳。我们三个人——我、斯先生、尤仁，三人围牢他，他坐了张太师椅高头，手搦一盒清凉油，用借手小手指的手指壳儿，刮了一点油，涂勒太阳穴上。等两只太阳穴全部涂好，他问起了"冲喜"的事体："格卯我人还转的，但格桩事体，好像没下文了？你们为啥不办落去啊？"他放落清凉油，接过佣人递来的盖碗茶，闻格闻，吃一口，等我们回答。他待我蛮客气，但我吃不准他格意思，心里打鼓：是不是因为他家人没为他"冲喜"，他心有不满要追究责任？真要追究起来，我是难逃其责。我又看尤老爷点头："你们辛苦，我心中有数，不过，一人一命，我一介老朽，风烛残年，如果四娘为我'冲喜'，嫁进门来，看到我一口气上不来，两脚笔直，拳头握紧呢？格桩戏文，你们打算如何收场啊？"听话听音，锣鼓听声，我马上听出，他并不满意为他"冲喜"的打算，"对对对！"我说，"尤老爷吉人自有天相，身体还转来快，我们没有惊动林四娘。为了你好起来，你格大儿子，还有斯先生，真当动足了脑筋，老爷平安，是我们最大的福气！"

尤老爷清清嗓子，说："人家一个女人家，掌牢一爿茶楼，交关兹不容易！我们能帮衬她一点，是好事体，但要她嫁过来，为我'冲喜'格套事体，是要害人家的，以后，你们覅打格套主意了！如果汪先生你已经对她提过，格么你帮我背只火腿，带支人参过去，拨她赔个礼，就说，让她为难的！"我连忙说，没有，没有，格桩事体只是商量了商量，没有落地，四娘不晓得其中来龙去脉。听我解释清楚，尤老爷才兹放心。而尤家老大尤仁，脸孔胀了通通红，低了格头，说："父亲大人的话语，孩儿记牢的！"只有斯先生一声不出，旁边看看，好像格桩事体从头到脚，浑身浑脑同他不搭界[4]。

格桩事体，好比一只糖醋排骨，有甜有酸。甜的是尤老爷通情达理，做人有格局、有气派，所以他能够发家，不是纯粹碰额骨头；酸的是斯先生，整桩"冲喜"的事体是他出主意，是他起课头，但后来他发现，尤老爷对格桩事体有点儿懊恼，他马上嘴巴闭拢，胫颈缩进，骂声让尤家老大一个人去听，格套做事体，好像不是蛮厚道，有点儿酸叽叽倒牙？但是，你万万想不到，当我拨"冲喜"格桩事体当笑话儿一样，说拨林四娘听，四娘淡淡一笑说："嫁拨尤老爷，有啥不好涅？尤老爷是厚道人，厚道有厚道的福气，真当来东一道，格也是缘分嘞！"四娘格番话语，真当让我眼镜儿都要跌破，我想不到她居然对尤老爷也有好感，甚至，那种对胃口的腔调，要超过苦根。我真当好比吃了当头一棒，我想自己真当一厢情愿，由了自己话话过，好像四娘她天生就该嫁苦根，不应该嫁拨尤老爷。我不是她的爹，不是她的娘，只是她的一个茶客，我哪里做得了她的婚姻判官，乱点鸳鸯谱？可笑的是，我还以为自己格判官做了高明煞！老里八早有句话语，我没听到心里厢去：各人各欢喜，大姑娘欢喜驼背。驼背背脊驼，良心不一定驼，甚至他可能是个大好人，所以我来东四娘嫁人格桩事体上，我是"眼睛发流火"，眼火儿不大准啊。

我听了四娘的话，打了歇呆鼓儿，后来缓转来，借了胡雪岩跟罗四的事体，拨她敲边鼓。我说："粗茶淡饭，有粗茶淡饭的好处，胡大官人总算风光，但是落魄格辰光，落毛凤凰不如鸡，走格辰光连一具楠木棺材都睏不上，只有一副桐木棺材伴他长眠，真当不如平头老百姓，无心无事，虽然没得大福气好享，但是天天小落胃。像胡雪岩嘎套，大起大落，有啥好涅？他当年要是不死，官府也要捉他去坐牢，实在叫格凄凉，所以一个女人家，还是先求安安稳稳，成一份家，生格几个伢儿，子孙满堂，比所谓的金玉满堂快活得多。"

没想到格位林四娘，又有话语对付我，好像要跟我别到底！她说："胡大官人走格辰光，没楠木棺材好睏，但他让罗四太太活来东享受着了金丝楠木，格不是比走格辰光睏棺材好一百倍？元宝街胡府，我去过的，罗四太太庒的楠木厅，楼梯、楼板，都用金丝楠木，墙头绘了彩绘，造得来富丽堂皇，她格老公，要是做生意再稳当一点，从二品红顶商人就能当到底，朝廷赏穿的黄马褂也能穿到底！对不起啊，汪先生，对你汪先生说格些话，好像弄得来我木佬佬贪图享受，眼热格些东西。不是的！我只是想说，运道来了，门板挡不牢；运道去了，硬留留不牢，凡事都要看得开。汪先生你让我安分守己，寻人再成个家，我晓得你一番好意，我不怕有人背后说我'鱼挂臭，猫饿瘦'，我有我的'一掌经'！"

林四娘格番话语，让我对她刮目相看。是的，我小看她的，对她估计不足，对她的婚事，我也只是想当然，格当然是要检讨的。

那位苦根，不晓得从哪只角落头听到了风声，大概认为我想怂恿林四娘嫁人，嫁拨尤老爷做姨太太，反正看到我，眼睛有点儿钝鼓鼓，态度有点儿呆鼓鼓，弄得来我心里头有点儿打鼓。直到有一天，我一脚踏进茶馆，看到苦根手上拿把朴刀，从茶馆后门冲过来，大叫一声"你蹩逃——"我才晓得大事不妙，他好像要寻我拼命，他真当弄错的，不是我要四娘去嫁拨尤老爷，况且尤老爷毛病好转，"冲喜"老早化为一蓬烟，他为啥要凶巴巴用刀儿寻我算账呢？我来不及多想，还是先踅转身子逃了再说……

（当然喽，那次汪先生多虑了，苦根根本没想拿他开刀，他想杀的，只是一只老母鸡，他想杀拨四娘补补身子。咯咯咯，咯咯咯，老母鸡看有人来追，逃向门口，活撞活颠，想飞过门槛，逃出一条生路，没想到汪先生连蹦带跳，逃得比它还快……）

【三句不离"本杭"】

板板六十四：古时印钱的模板，竖八排横八排，八八六十四，这是定死的，不能更改。板板六十四，好像是一个规矩，一个定理，但是杭州人用它，往往不是抱怨某个规矩太死，而是抱怨一个人太死板，抱住一个死理，认定一个规矩，不懂得变通，不晓得随机应变。所以，说一个人"板板六十四"，绝对不是指一个人坚持原则，刚正不阿，而是指一个人墨守成规，没有一点灵活处置的头脑。

跟"板板六十四"对应的另一个极端，那就是"生意活络做，棺材劈开卖"。手腕灵活到这种地步，把一具棺材劈开零卖，可见脑瓜子活络到何种程度。而比较舒适的生活常态，实则是在两者之间，找到一个既不太死、也不太活的平衡点。

末代儿子：一个朝代到了末代，油尽灯枯一片惨淡，

"耗子啃菜刀——死路一条",所以当个末代皇帝,煞是无趣。一个家族,生出一个"末代儿子",这个儿子往往是没有半点出息的。在杭州话里,"末代儿子"一般指让人操心的"混世魔王",是杭州人对头顶长疮、脚底流脓、糟透、坏透、不求上进者的极大指责。该人应速速警醒,回头是岸。

鱼挂臭,猫饿瘦:从来是猫爱吃鱼,但直到挂在那里的鱼已经不再新鲜,饿得两眼发花的猫日渐消瘦,那鱼依然没有吃到口里,这是形容想要的东西虽在眼前,却无法得到。某男追求某女多年,某女没有下定决心。看男人消瘦痛苦,街坊或有人去劝说某女,何必呢,念对你一片痴心,你还是考虑嫁给他吧。你也老大不小了,还有几年好再消磨?这样耗下去,鱼挂臭,猫饿瘦,多犯不着啊!

词语解释:

(1)等勒哈(den le ha):等着
(2)潦荡胚(liao dang pei):败家子
(3)煞渴(se ke):厉害、手段强硬
(4)搭界(de ga):相关、有关系

第四章　汪先生说"我们"

那天朋友一道吃饭,我拨袖子管儿卷起来,借手露三个手指头,顺手露四个手指头,两只手桌上放格放,我问他们,你们看看,我格副样子,是啥格意思?三位朋友,你们一个个轮过来说。

第一位说:你请客一趟不容易喽,左三指右四指,指你请我们三请四请,总算拨我们请到的!

我摇头,说不对。

第二位说:是不是做了个梦,你想娶个三妻四妾啊?

我摇头,说不对。

第三位说:你用格种方式勒哈[1]骂人?骂人不三不四?

我摇头,说不对!

格辰光来了位迟到朋友,我也让他猜,手势摆出,问他究竟啥意思?他看了一眼,说:你是不是跟哪位打架儿,手拷坏的?要凑医药费,让我们一道来想办法?我听了,哭笑不得。我说你们都不是道上的,对道上的暗号儿不大了解。我格只手势,叫"三老四少",是漕帮中人寻同道,告帮求助的暗号儿。我是那天吃了一壶上好的冻顶乌龙,无意中摆出了格副姿势,哪里晓得招来了苦根。当时,他还没当上"壶笑天"的茶博士,还勒哈寻饭碗头,看到我的手势,走过来,对格只手势看了冒长辰光,后来,他放落吃落一半的茶,凑过来问我:"格位先生,我听人家叫你汪先生,你……莫非勒哈等人?"我听苦根的口音,带一点江北那边的味道,应该是外路人士,我就问他,寻我啥意思?他叹口气,说他想寻他的小伯伯,听说小伯伯是漕帮里头的人士,他想来投靠,混口饭吃吃,但是小伯伯寻不着,听说可能是去了外地,大海捞针,一点儿没头绪。他想寻帮里的人,为他谋一只饭碗,看我手指嘎套放,以为寻对了人。但我告诉他:你寻错了。

借手三根手指,指三少,即漕帮的三个创始人:潘、钱、翁;顺手四根手指,指漕帮四个堂口。手势摆好,格就是来东寻同道,希望告帮求助。我无意当中一个动作,引来了苦根。我看他面相,倒也和善,我就问他,你是不是碰到了难处?他点点头。我又问他:你是想寻着帮里?还是想寻人帮你?寻帮有寻帮的做法,寻人有寻人的做法,你先骰子掷稳!看他一时没有主意,我为他想办法,我搦出枚袁大头,说我有个办法,平时我牁主意牁不定,没有准星,我就使出撒手锏,掼"袁大头"!我拨一枚袁大头摆到他面前,说:袁大头人头朝上,我帮你去寻漕帮,告帮求助;袁大头文字格面朝上,我们就先寻饭碗头,你看接格套?

苦根连连说好。他认了我格套路,他就接过银元,嘴巴里厢念念有词,银元摆了两手中间,朝天拜拜,又朝地拜拜，突然拨手放开，让"袁大头"跌落桌子高头，擂啊擂，万万想不到，袁大头擂进了桌子缝隙里，直立来东，居然一动不动。苦根有点儿哭笑不得，指勒格枚袁大头，问我："汪先生，碰着格套不尴不尬格事体，你说接格办？"我一时想不出道理，只能说："格叫天意，说明它为你准备的两种法儿，你都要试格试。格枚银元，因为从我手高头流出，流到你格里，源头勒哈我格里，所以我帮你定个先后，我们先寻饭碗头，再告帮，好不好？"苦根当然说好。我说："你想弄口饭吃吃，格么我问你，你平时拿手，会做点啥西？你做啥西是三只手指头捏田螺——稳稳当当？"他想了想，说："搓澡，搓澡我好的！澡堂子里，我做过一段辰光。"他乌珠白叽白叽，突然又一拍脑袋，说："对，对！我格爹教给我下棋，我会下象棋！"格句话让我眼睛亮了亮，我心里有底的。我说，明朝，我就为你寻一位高手，帮你来把把脉，戤戤你几斤几两，他是老手儿，当场会戤出你的分量的。

第二天，我帮苦根寻来了一位高手：勒哈小河格把儿里赫赫有名的徐师傅徐黑方，他会的武功，叫"沾衣十八跌"，他囥了蛮深，轻易不露相，但他的象棋棋力，是放勒明面上的，打遍小河无敌手。他跟人对局，欢喜执黑后行，他脸孔墨墨黑，脸盘方敦敦，所以人称"徐黑方"。苦根看到对面坐格人，包公一样，脸孔黑，话不多，当忙有些汗毛凛凛，结果第一盘连阵势都没看清，就"稀里哗啦"，一败涂地。重新摆放棋子格辰光，苦根抹一把脸，说要去解个手，回来再战。之后，他不慌不忙，勒哈棋盘上放出一招"仙人指路"。仙人指路，又叫"进兵局"，平时不太有人走的。格是开局格辰光，动一只兵兵拉子，让它向前挺，格一招，让老徐看看苦根，没说话语。格一盘，老徐下了不顺，一向落子飞快的他，要顿一顿，想一想。倒是苦根，跳边马、升河炮，一招一式，木佬有章法。要说老徐，哪一回勒哈格里输过棋子？旁人跟他下棋，只有输得惨与不惨的区别，哪里有输与不输的区别？所以格盘棋，引来了不少围观的人，大家能看出棋盘上形势紧张，所以每个人都屏牢[2]一口气。苦根呢，更是乌珠瞪得来溜溜圆，歇歇搓搓手，歇歇又搓搓手，搓到后来，不晓得几辰光，旁边有人递拨他一盒蚌壳油。我看勒蛮灵清，递油的是尤家管家斯先生。斯先生朝苦根笑笑，苦根点点头。蚌壳油格盖儿，斯先生是销开[3]了递过来，苦根用油揩手格辰光，老徐掇过茶盅，吹吹茶汤的茶叶梗，皱皱眉头，想了一想。苦根好像看出格盘有赢的苗头，有点儿劲道来的，蚌壳油揩过脸孔揩胫颈，揩过胫颈揩下巴，揩过下巴揩手背。斯先生提醒他，好嘞，覅揩的，脚底板上再揩油，你就要溜的！你好好交走好格盘棋子！

大家胫颈都候长，都等勒棋子走，但格盘棋居然半儿不接，僵了那首，老徐耐悠悠吃口茶，问苦根："你格棋，是你们爹教的吗？"苦根说，他格棋大部分是爹教拨他的，只有头卯格盘棋，进兵开局、仙人指路，是他奶奶走过，他看过记牢的。奶奶的棋，比他格爹还要厉害。徐师傅点点头，说："好，格一盘，我输拨你的。"

输？徐师傅输的？旁边的人乌珠定起，有点儿不敢相信，大家你看我，我看你，有人交头接耳，还有人撒到门外，叫朋友来看热闹。老徐说："今朝跟你走过两盘棋子，一人一胜。接落来，我们再走八盘，结束今朝的棋局，你说如何？"苦根当忙答应！他想再搽搽蚌壳油，让两只手涓光滴滑上阵，没想到赢棋之后，斯先生已经笑眯眯搦回他的蚌壳油，管自己走远的。没有蚌壳油格滋润，苦根好像没了魂灵儿，根本抵不牢老徐的车马炮横冲直撞。接落来，连牢六盘，苦根兵败如山倒，最后两盘，苦根连连仙人指路、进兵开局，想再来出个奇兵，但无论啥格招数,他都不灵光的。八盘棋子,输得来滑汏精光,几乎没有还手之力。对局结束,苦根一赢九输,徐师傅一输九赢,至于格一输,有没麻痹大意、放水的成分,哪个都说不灵清。但徐师傅还是夸了几句苦根:"棋力嘛,比一般人是要强一点儿。不过,要靠它捧饭碗头,还是难的!"徐师傅问苦根:"除了走棋子,还有哪一样手艺,你搦得起来?"苦根歪了格头,想了想,说:"我会搓澡。""好!格算一项,还有没有其他的?"苦根又想了想,说:"吃饭算不算?"大家哄笑起来,徐师傅倒一本正经:"为啥什格套说?你倒说出格道理来。"苦根也是一本正经:"我,一口气好连吃五只大肉粽,粽子有我拳头格大,我吃了之后再吃十二只麻糍,吃了不会囤牢[4],反而搁着落胃的、舒服的。"老徐说:"蛮好,蛮好,运河庙会要比哪个吃得多,你就可以去赛一赛。"苦根连连点头:"徐师傅,你相信我,只要人家付账我来吃,我吃得还要多!""轰!"大家一下子笑炸了,我说苦根格只胃,真当是金刚不坏"橡皮胃",大家都笑,只有徐师傅不笑。徐师傅说:"四娘格爿茶楼,正好人手不够,前段日子,让我来东帮忙寻人。你要落脚,可以先做做茶馆学徒,我去跟四娘说,你生活做好,一定让你放开肚皮,拨你吃饱。粽子吃了不够,到我格里来吃!"

　　苦根做茶博士,就是嘎套开始的,但是做了一个月以后,有位先生来寻他,要带他闯江湖了。格位先生就是送蚌壳油的那位斯先生。他来对苦根说:"你跑跑堂,做个茶博士,稳是稳的,但套头不足,花头不透。杭州城里开的'喜雨台'茶楼,里厢有正儿八经的赌棋,都是凭本事吃饭,铜钿银子来得快,但不是阿狗阿猫都可以上,我要拨你师傅徐黑方的牌子背出去,才兹有人肯买账!否则你登台的机会都没有。"

运河茶楼旧影

　　斯先生有言在先，说："徐师傅虽然勒哈杭州算得上顶尖象棋高手，但他不沾赌，对赌恨尽恨极，你要去'喜雨台'赌棋，挣铜钿，老徐格脾气，不会让你背他格块牌儿。所以，你最好啥西都覅跟他说，直接上'喜雨台'，跟人比了再说。比得过人家，你就是好汉；比不过人家，你就认输。因为人外有人，天外有天，楼外有楼，格座楼倒掉，另外可以再起一座楼。你自己决定，你去还是不去？"斯先生的说法，好比"江西人卖碗盏——一套一套"，哄得来苦根发了鸡头晕，他一则是手痒，想会会高手，二则是想见见世面。"喜雨台"二楼左右两厢，左厢棋室，右厢茶室，到后来棋室名气居然要大过茶室。"喜雨台"赌棋者不少，以棋会友者，也不少。

　　苦根出发去"喜雨台"那天，天高头正勒哈落雨，雨水儿滴哩嗒啦，落得来地高头烂烂湿，雨水泡过烂污泥，糊里踏遢。苦根走得急，身上一件对襟褂儿，雨水儿淋过之后，淋得来透卤稀湿。到了"喜雨台"门口，刚刚想脱掉身高头格件褂儿，突然脚底板一滑，呱啦嗒一跤，合扑跌倒，若不是他反应快，两只手朝地高头撑格撑，他就要下巴着地，煞煞招招，红口白牙啃元宝嘞！他爬起来，看到斯先生，撑把雨伞走过来。看他格副狼狈相，斯先生也不晓得说啥格好。"杭州又不缺雨喽？这一家茶楼叫了'喜雨台'，怪不得雨越落越大，弄得我吃足苦头，我看格里索性挂两块招牌，天晴叫喜雨，天雨叫哭雨，你看我这副样子，要不要哭啦？"

斯先生开导苦根："雨是水，水是财，水越多，财越旺。'喜雨台'是八方来财，懂么？快走，我去寻块毛巾，拨你擦擦，擦好，马上你要跟人交手了！"他们二人边说边往里走，没有注意到门口一位戴瓜皮帽的仁兄，突出两只乌珠，已经盯牢了苦根。一爿茶楼，总会来些不三不四的人，总会出些七七八八的事，而格位瓜皮帽，就是茶楼里雇来的好佬，专门对付不三不四，专门撸平七七八八。茶楼里嘛，啥格人没有？而"喜雨台"又是杭州城里摆得上台面、掼得过钱塘江的顶级茶楼，来的人，要么是社会上有料儿的，要么是袋儿里厢有货儿的。苦根那天上楼，真搁着样样看了都发靥。另外先不说，光墙上那副棋盘，就有两米见方，横向一道楚河汉界，拨棋盘划分为红黑两方。每颗棋子儿，都有拳头大小，都顶了一只铁环儿，棋子要动格动，就有人用一管铁叉儿，叉起铁环儿。棋盘高头，每个棋位，都钉一枚钉头儿，可以挂棋子。但是棋手不走到大棋盘旁边下棋，他们用小棋盘下棋。小棋盘上，棋子每动一步，他们的座位旁边，就有个"叫棋人"叫棋步："红方，炮二平五！""叫棋人"一叫，那只大棋盘底下，就有个搠铁叉儿的"棋先生"，用铁叉儿去叉棋子。小棋盘动一步，大棋盘也动一步，棋迷只要座椅上坐坐，小腿儿跷跷，茶吃格吃，棋局动向，他们通过大棋盘，看得来煞煞灵清。

但苦根呢？他上楼之后，棋子不看，光顾着看"棋先生"了。"棋先生"矮个、壮壮，套一件杏黄色背心，后背一个红圈圈，里头一个黑字儿——"棋"。苦根看着蛮新鲜："嘎发靥啊！"他居然上去摸那管铁叉儿。那叉儿，虽说是铁做的，但金光闪闪，用金纸儿包裹，所以看上去是一管金叉儿，苦根陷⁽⁵⁾过去格意思，是他想来试格试，叉格叉。搞搞叉儿，格不是蛮平常的事体么？叉叉就叉叉嘛！但是苦根他不晓得，来东格里，格套做法是犯忌的。每个行当，都有每个行当的规矩，你一不是常客，二不是料儿粗、套路蛮足格人，你自说山话，好嬉作乐，去搦人家的吃饭家伙，你想作啥？你啥格居心？矮个、壮壮的棋先生，也是看菜下饭格人，看到格位正来东毛巾揩头，身上烂烂湿格老倌，居然来摸自己手高头格叉儿，他一百个不落胃，苦根格手伸过来，他就拨开，苦根又伸手："我试试嘛，我试试嘛！"他又伸手拨开。而偏偏格辰光，斯先生正勒哈对接拨苦根走棋子的事体，没有注意到苦根来东闯祸。斯先生没看到格事体，有人看勒蛮灵清，他，就是那位瓜皮帽。他头卯门口头就注意到苦根，朝苦根乌珠白两白，苦根没数没章，他就跟上来，盯牢苦根变啥花样——果真，苦根去嬲棋先生了，为了管叉儿，跟棋先生纠缠不清。从苦根背后头，瓜皮帽伸出一只手，搭牢了苦根肩膀，瓜皮帽笑眯眯问苦根："你……想搦格管叉儿搞格搞，对吧？"苦根嘿嘿嘿发笑，说："还是你格位兄弟厚道，我是格个意思……"最后一个"思"字还没有说好，他身边就有两顶瓜皮帽儿，一左一右，夹牢苦根肋胳肢，拨他夹出了场外，从二楼一路夹到一楼。棋室里当天人是不少，但是没有太多人注意到苦根"吃瘪"。拖到门口，苦根拨他们"一、二、三"，掼到路上，跌了一身烂污泥，下巴磕坏，膝窠头磕伤，脑袋磕昏，昏头瞌眬，一时之间还弄不灵清，究竟发生了啥事体。

苦根"叭唧"一声，拨人掼出来格辰光，徐黑方、五伯伯跟我，刚刚走到"喜雨台"门口头。本来我们三人是结了道伴，去"知味观"吃小笼的，"喜雨台"我们只是走过路过，没有想进去，更没想勒要走棋子。但既然苦根拨他们掼出来，我们当然要弄灵清到底啥格情况。瓜皮帽儿，当然认识我们三位，特别是徐黑方，名声在外，他一直是"喜雨台"的茶客跟看客，但从来不出手走棋子。瓜皮帽儿听徐黑方说："格位兄弟，苦根是我们格小兄弟。你们，为啥要掼他出来？"瓜皮帽儿一惊，马上堆出一副笑脸，说："看来是场误会，抱歉，抱歉！失敬，失敬！虽然敝楼有规定，棋先生叉儿，外人不能乱动，但既然是徐师傅的小兄弟，我们当然没有二话，他愿意动，我们就欢迎他去动动！"瓜皮帽儿拨事体格前因后果，啰里啰嗦说了一遍，我们互相看了看，五伯伯发话的，五伯伯说："我做个老娘舅吧！老话讲，老娘舅拆劝，一家一拳！你跟你们老板去说，我们有个小兄弟，想当一回棋先生，但格个先生我们不白当，我们请我们老兄弟徐黑方出场，跟贵楼喜欢走残局的老李下一盘残局，接格套？"瓜皮帽儿高兴煞的，拍手叫好："好喔，当然好啰！一直想请徐师傅出手，让我们开开眼界！"

徐黑方武功有本事，走象棋有本事，五伯伯都心中有数，但他跟徐师傅是"曹操诸葛亮，脾气不一样"，徐师傅样色欢喜"园"，手段不欢喜耍，而五伯伯呢，他到辰光欢喜"独臂老人打拳——露一手"，不但自己露，朋友的本事，他也希望能露一露。按他格说法，不露是种修炼，露是一种磨练，露跟不露，都有道理。

看到事已至此，徐黑方只好上楼，去会一会老李，走一局对方一向必胜的残局。带勒苦根来走棋子的斯先生万万没想到，茶馆内外，短短十来分钟，一连串的事体已经发生，最后引来了徐黑方，而那位身上揩揩干净的苦根，居然真当套上杏黄色棋衣，要当一卯"棋先生"。局面变化忒快，他有点儿跟不上趟，直打呆鼓儿。

一管叉儿，苦根总算捏了手高头，但是他哆哆哆，手骨有点儿发软，脚骨不太站得牢。他有点难为情相，认为自己闯了祸，差点让徐师傅落不来台，所以他一管铁叉都有点捏不端正。茶楼里厢，茶客的目光都集中勒格管叉儿上。五伯伯看他格副吃相，大声对他说："苦根，你小辰光，先生有没有来东你作业高头打过叉儿？"

苦根吃不准五伯伯啥意思，连忙回答："打过的，打过的。"五伯伯问："打过叉，打得多还是少？"苦根答："多的，叉叉打得多的！"

五伯伯说："既然打过嘎许多叉叉，那你连颗棋子都叉不好？叉叉都白打了！"

茶客们笑了，苦根心情也放松了，他放开了手脚，拨红黑两方的棋子，从棋盘上一颗颗，往下面叉，只留红方一帅一马，黑方一将一卒，另外的棋子，一股脑儿，全部清空，挂到棋盘底下的两排钉头儿高头。老李是个红光满面的中年人，看到徐黑方来跟他交手，他拱拱手，显得木佬客气："徐师傅，大名如雷贯耳，红黑两方棋子，由你任选。"徐师傅说："你先！"老李说："你先！"看到两人相持不下，我就出面，做了回和事佬，我说："你们都嘎客气，我就帮你们作一卯主。'喜雨台'，老李是常胜将军，老徐则是难得一来，来了也只是看看。所以，客随主便，格卯请徐师傅先走，好不好？"茶客们呱呱呱拍手，一致叫好。徐师傅执红，以一帅一马，对老李一将一卒。残局，棋子越少，越是难走，因为变着较多，但徐师傅的红马，死死控制牢黑方小卒，不让它过河，依靠一匹马，还有军中老帅的闲着，居然生生把老李的将将死了。当苦根来东大棋盘高头,移好最后一颗棋子,黑方老将陷入绝境格辰光,全场一片哑然。平日里趾高气扬,是无等等的老李,终于哑火了,他向徐黑方拱手:"甘拜下风,甘拜下风!"

"喜雨台"赢棋之后,我们嘻嘻哈哈,小笼照吃。哪里想到第二天,又出来一件事体,真当让人哭笑不得。格桩事体跟哪个搞的?又是苦根。苦根良心不坏,因为搁着背了徐黑方,自说山话跑到"喜雨台"走棋子,结果棋子没走成,洋相出足,实在拨徐黑方滴卤儿。好在徐师傅本事大,最后残局力克老李,他真心佩服!所以他一半难为情,一半是佩服,提了清河坊四拐角买来的一盒孔凤春珍珠霜、一只金华火腿,上门向徐师傅去赔礼道歉。孔凤春么,送师母;火腿么,送徐师傅。他请了我一道去,因为他搁着他一个人去,力道不足,不如旁边有个中人,到辰光帮他说句话,调剂调剂气氛。我陪他到了徐家,坐了歇儿,看他们谈得蛮落胃,我管自己先走了。但到了夜快边儿,苦根寻上门来,说他有事情想不通。我看他表情神秘兮兮,有点心神不定,我连忙问他,碰着啥格事体?苦根说:"汪先生,我从前只听说我们北方山里,有的人家穷,两人共一个老婆,你们城里,也有这样的怪事吗?"我问他啥格情况?他说今朝来东徐师傅屋里,徐师傅介绍自家的老婆徐师母,拨她称作"我们老婆",苦根一听,傻了,他连忙说:"怎么敢?怎么敢?"徐师傅看他表情奇怪,就说:"今朝你就覅急了走了,我叫我们老婆烧几个菜,我们一道吃!"苦根一听,越发慌了,他真是想不明白,他一个小伙子,接格莫名其妙,多了一个老婆,而且还是对方邀请入伙的,他真当想不通。过了歇儿,徐师傅丈人老头回来,徐师傅对苦根说:"格是我们丈人老头儿!"苦根连忙立起来:"丈人好!"过了歇儿,徐师傅丈母娘回来,徐师傅又介绍:"格是我们丈母娘!"苦根连忙站起来:"丈母娘好!"

再过歇儿，徐师傅女儿梅娟回来，徐师傅介绍格套路，还是老方一帖："格是我们女儿梅娟！"苦根真当呆起，他实在想不通，为啥徐师傅格女儿，都变成了"我们的女儿"？徐师傅事先也不商量商量，就让苦根成了一家人。格，格到底是为啥呢？看到苦根格位外路人士，愁眉苦脸的样子，我真当不晓得说啥西好。

【三句不离"本杭"】

"寻宗帮"（qin zong bang）：即俗名"石头剪子布"的猜拳游戏，长期流行于杭州儿童中间，至今不衰。这是以猜拳方式，比出输赢，基本手法分三种：握拳代表石头，伸食指中指两指代表剪刀，张开五指代表布。这些手势，和漕帮帮会成员坐茶馆，寻找同道，告帮求助的手势，多少有些相似，也因为这三分相似，所以移用"寻宗帮"指代这类游戏。一个儿童常玩的游戏，得了一个很不少儿的名号，会不会给人"苍蝇套豆壳——大小不合身"的感觉？其实这也是事出有因：一则，清末民初，"漕帮"在杭州活动频繁，影响力外溢到了社会。雍正年间结社的漕帮，主要成员是漕运水手，早期设立，是为争取船民利益。杭州因为地处京杭大运河南端，漕运发达，有句俗话是："杭州码头装大米，一纤拉到北京城"，漕帮的影响力当然不容小看。漕帮又称粮船帮，设立初期，帮会倡导的急公好义，对杭州城的上上下下、方方面面，肯定都有所影响；再则，漕帮是非正规民间组织，前期像个民间工会，后期慢慢蜕化演变，它的性质，决定了它的成员，做事明着来不行，行事特点很有些"土地公公捉迷藏——神出鬼没"。他们的成员在茶馆接头联络，会利用茶碗盖的搁放样式，或者利用他们的手势向外界传递信号，局外人一时难以猜破意图。小孩子玩儿"石头剪刀布"，自身意图当然也要埋得深，想要出什么拳，必须让对方猜不破、看不透，就好比漕帮的"寻宗帮",不知内情者,摸不着头脑。因为有神秘的难以捉摸的特点,"寻宗帮"自然而然,和这类需要让人猜不透的游戏挂上了钩。小儿游戏用上了"寻宗帮"的名词,倒也没啥稀奇,倒是正儿八经的"寻宗帮"的人,知道他们的接头暗号被人当作游戏,玩来玩去,不知他们心里,会是个什么滋味儿?

人称代词"我"用作定语,杭州人习惯用复数"我们",表示"我"的意思。比如"我老公",杭州人习惯说成"我们老公",所以"我们老公",实则是"我的老公"。有人认为,这一句式问题很大,容易让人产生误解。但为什么介绍自己公司的老板,自己工厂的厂长,自己连队的连长,用复数"我们",就听着顺理成章呢?那是因为企业、部队,都是一个组织,"我们老板",可以看作是"我们(公司的)老板"的缩略语,听起来十分顺耳。如果用这样的方式,理解杭州人的称呼"我们老公""我们老婆",那就思路清晰了。因为"我们老公",实则是"我们(家的)老公"的缩略语;"我们老婆",实则是"我们(家的)老婆"的缩略语。在现代汉语里,我们,指包含了自己在内的若干人,杭州人把老婆、老公以"我们"相称,突出的是家庭这个组织。这种拐了弯儿的称呼,可以表达对家庭、对家族观念的珍视。好比北方人称呼自己老公"孩他爸"或"孩子他爹",也是拐了弯的称呼,从称呼中,可以看出他们对血缘关系的重视。杭州人用"我们"代替"我"作人称代词,自有其中的道理。虽然有些外地人(如苦根),一时之间不明白其中道理,但向他解释清楚之后,想必他也会点头微笑。

词语注释：

（1）勒哈（le ha）：在
（2）屏牢（bin lao）：憋住、屏住
（3）销开（xiao kai）：打开
（4）囤牢（den lao）：消化不良
（5）陔（gai）：倚，靠

第五章 茶馆里的秀才

不得了，不得了，革命党人动剪刀，

看到剪刀拚命逃，最后还是吃一刀！

格说的是啥？说的是两位老秀才，一姓何，一姓贾，学过《三字经》，读过《千字文》，拜过"天地君亲师"，肚皮里装了一大堆学问，做事体向来一点一画，板板六十四，讲个分寸规矩。哪晓得有一天，两个老秀才，并排并路上来东走，突然上来一帮人，说自己是"革命党"，格卯改朝换代皇帝倒台，大家脑袋后头那根辫儿留不得，必须剪、剪、剪！所以，他们"蚂蚁嗡鲞头"一样，嗡[1]牢两位秀才，拨他们一家一刀，三下五除二，拉牢辫儿，嚓嚓剪掉！

看到一把"张小泉"伸将过来，两个人的反应，大推大板。何秀才跌跌撞撞，活逃格想逃，但哪里逃得掉？一根从小留起的辫儿，就嘎拉牢剪落，没有商量，没有讨论，手起刀落，不留情面。捧起那根剪落装不回去的辫儿，他眼泪水一串连一串，好不伤心。而贾秀才呢？轻轻一笑，看有人来剪他辫儿，他不慌不忙，把辫儿递上去，笑眯眯说："来来来，你们来。伸头一刀，缩头

[清]蒲松龄《聊斋志异》狐女婴宁说出的第一句话就带有杭州方言的味道,"个"(也写作"格")意谓这、这个。

也一刀,你们帮帮我,我求之不得!"

同样是清朝的秀才,两位性情真是不一样。贾秀才回去吃得落,睏得熟,夜饭还吃了一只猪脚爪,三碗白米饭;何秀才则气得饭吃不落,气咽不落,把那根辫儿裹进红布,裹了又裹,当天打了一只包裹儿,想回嵊县乡下去也!第二天他赶到茶馆,气呼呼向贾秀才辞行,而贾秀才倒是开导起了何秀才。

贾秀才说:"何兄,我今朝也来个'石头高头刻碑文——实话实说'了!你想想,皇帝厉害,还是我们秀才厉害?皇帝多少结棍,多少有势力?护卫、辅佐他的,有多少人,多少部队?皇帝人称'真龙天子',他是条龙,普通人力是掀不翻他的,但是他居然拨人请落台,说退位就退位,你说掀他的格股势力多少大?大脚髈大,小脚髈小,大脚髈大过小脚髈,明白人都看勒清爽的。我们是前清秀才，大清国手里我们是秀才，民国手里我们一才不才，我们就勒重新做人，才是正道。你我都读过几年书，都晓得'识时务者为俊杰'，不识时务吃大亏，所以人家剪你根辫儿，你不该动肝火伤真气，伤了自己，何苦？何苦？

"再说我们兄弟二人，本是脚碰脚穷秀才，谈不上你厉害还是我厉害，但有一点，我总是成过家格人，有儿有女。一个儿子，又生儿子，连我祖孙三代；一个女儿，又生儿子，为外人的家族，传宗接代。而你呢？一人吃饱，全家不饿，总归没有成过家。上回林四娘想拨你介绍拨陆干娘，干娘老公死了有些年头，年纪大起来，吃饭睏觉[2]，都想有个伴，你也有个暖被窠头的老婆，何乐而不为？格卯'馒头吃到豆沙边'，脚再踮格踮，手再伸格伸，成家就来东眼面前。你倒好，要紧关头烤潮烟，格辰光拍拍屁股管自己走掉，你让陆干娘接格想？人家到底是个女的，等了半天，老公没等来，多少拗滋搭味[3]？反转来想想，你没女人家的日子多少苦？吃饭，有一顿没一顿，早间头油条烧饼，夜到头烧饼油条，最发靥的，是有天拨学生子上课，你脚高头两只鞋子，一只爹，一只娘，你自己穿出去还没数没章。唉，拨人当老师的人，总要一点面子，你格副样子，让外人看了笑话，让朋友晓得了心痛。格卯好的，一根辫儿，你嘎当回事体，它真当有嘎要紧么？真当的么？"

林四娘说："何先生，你是读书人，我是妇道人家，我开爿茶馆店，做点小生意，不晓得学问接格做，但做人的道理，我还是晓得点儿的。我晓得说话要算数，不能说过推过，蹚转就忘记。

"陆干娘敬重你，想嫁拨你，一道做份人家。有人想不灵清其中道理，我多少有点数章，说到底，是你先去嬲她，嬲得她有点儿动心，格才兹有后头的故事。但你硬邦邦拨故事变成事故，你是存心食饥勒有趣，要寻她开心，还是你有另外目的啊？

"陆干娘是寡妇，门前是非肯定多，但你不怕轧是非，硬兹要待她好，当时看你副样子是'赤脚拜观音——真心诚意'。比如说，小兰儿卖消闲果儿盐金枣，你总会拨陆干娘叫一份；馄饨摊儿卖馄饨，酣豆儿糖粥摊卖糖粥，你总要为她来一份，讨好讨好她。

"因为看到你格副腔调，她才让我带话语拨你，告知你她的身世：她先后嫁了两个老公，嫁一个死一个，连死两个老公，所以有人说她克夫。到后来，她自己也有点儿慌。要是你真心实意跟她成了家，她害你见了阎王，她心里也过意不去。所以她托话拨我，让我劝你多想想，多问问，想清爽再走下一步。要晓得，一开头她看你对她有点儿意思，她还特特为为，来我格里问，你格人好不好？我哪里晓得你好不好，只好答应她，帮她多看看。她格印象当中，你是个老古董，戴副眼镜儿，是个书独头，按照陆干娘对老公的要求，你还推板一刨花，但是她有看相你的一点，是你不嫖不赌，不吃乌烟。烧银子的事，你一概不碰，格点蛮对她胃口。后来有个算命先生，对她说你的相是富贵相。你脑壳前冲后冲，老话讲，前冲后冲，十八个护从。啊唷，有嘎大的出息，还会四五十岁，讨不到娘子？陆干娘是个蛮实惠的人，她求的不是富贵，她是要安安耽耽一份人家。她对你，是'风吹红灯笼——摇摆不定'，又怕嫁你嫁错，又怕错过一桩好事，所以一直定不了心。格卯她总算打定主意，想跟你做人家，你倒好，居然想要回乡下头了。你让她跟你回乡下，天天到田畈里做生活？养鸡、养鸭、养鹅，跟你乡下头过一辈子？你平时看看蛮老实相，发起藤头脾气，居然嘎副相道[4]？你让她是小伢儿骑门槛，不上不落。你会遭报应的！你，你，你，伤了陆干娘的心！"

苦根说："四娘，你覅去拉他，格套人，拉牢也要打滑汏，如果结了婚，陆干娘吃他苦头，干娘还要怪你两句。贾先生你问我为啥嘎说？你覅说我挖脚底板，我事体说拨你听。

"我们茶馆的老客，基本都有固定茶位，汪先生有汪先生的位置，五伯伯有五伯伯的位置，何秀才他不是常客，只是到辰光来挒一枪，挒一枪。我敬他是读书人，看到他，总是客客气气，晓得他茶里欢喜带点酸滋滋、甜咪咪，总来东他茶里加颗青橄榄，呼呼炮的热水冲落去，鼻头闻了就香。他欢喜挒书来看，那天他刚刚捧本书进来，汪先生刚刚吃好茶，立起往外头走，两人擦肩而过，还打个招呼。我要去收作汪先生的桌儿，何秀才说声慢，他今朝看相汪先生的位子，要来坐格坐，让我慢慢收作。他一屁股坐落，马上翻起自己手上那本《三国演义》。'三国'老实讲，我也熟的，啥格'诸葛亮借东风''曹操败走华容道''张飞大闹长坂桥''周瑜打黄盖'，我老早听大书听得来滚瓜烂熟。看他读得津津有味，摇头晃脑，我倒奇怪，不过我一注意他，就看出了名堂，原来他读的"三国"，叫'芝麻三国'。芝麻，就是汪先生头卯吃茶格辰光，零零落落撒落的，他吃了五只蟹壳黄，所以桌子高头，有芝麻撒落。撒了桌面高头格芝麻，他用手指头沾点馋唾水，粘一粘，就起来，所以，何秀才用书遮牢面孔，顺手动法动法，一歇儿功夫，拨桌面高头格芝麻，粘了个滑汏精光。剩勒桌子缝隙里的芝麻，接格办呢？他就想了一个绝招：拷桌子，就是一记一记，拨芝麻拷出来。吕布戏貂蝉，唉，英雄难过美人关。砰，一记！一颗芝麻，从缝隙里跳出。关公大意失荆州，唉，骄兵必败。砰，一记！两颗芝麻，从缝隙里跳出。诸葛亮挥泪斩马谡，好，不念旧情。砰，又一记！三颗芝麻，从缝隙里跳出。他一个穷秀才，没儿没女，老光棍一条，真当罪过念想，想想他嘎罪过，想想自己早间头还剩两只蟹壳黄没吃，是汪先生送拨我的，我省落来，放进菜橱里，我就马上用盘儿装起搠到何秀才面前。我说：'秀才，格两只蟹壳黄，有点儿冷的，拨你过过茶。'我说的格句话语，你听听有没错？我千想万想都没有想到，他看到蟹壳黄，会得戳兮兮。他手抖格抖，脸孔红格红，我当忙晓得，闯祸闯祸，我闯祸的。他拷芝麻的举动，本来不想让人晓得，他也以为神不知，鬼不觉，没想到我木呼呼地来孝敬他两只蟹壳黄。来东他看来，我肯定是来东戳他，看不起他。要不要命？我哪里看不起他？这个真是为为好，跌一跤。我连忙想拨蟹壳黄掇回去，但转头一想，我要收回格份蟹壳黄，他更当我勒哈引他，浮而不当正经的，来东寻他开心。唉，我真当是'叫花子讨黄连——自讨苦吃'！本想待他好好，他不领情，而且气鼓恼糟，拨蟹壳黄推开，好像我看轻了他，不拨他面子，来东伤缺他。待他好好，好出了祸水，格套人，烟头热气不分，如果陆干娘嫁拨他，估计少不了会有倭七倭八的事体日出来。格套人，离他越远越好，走得太近，有得苦头吃嘞！"

何秀才回了乡下，贾秀才呢？好比空气一样，不晓得进了哪只角落头。实实足足，囚了三天，他又出来了。不过茶馆里的人看到他，都呆了一头。为啥？因为他的山羊胡，七叉八叉，长了木佬佬，颧骨凸出，好像两块石头儿，硬咽咽，整个人好像灰卤儿倒光，有点儿神志无智，莽莽不清。为啥几日不见，他变了副腾头势？特别是解开他随身包裹儿，他摸法摸法，摸出一把"张小泉"，茶客们更是煞煞招招，吓了一头。哟！他格是哪根筋搭牢了？只见他茶呼一口，朝剪刀看一眼，剪刀剪剪，茶再呼一口，嘴巴里厢譔古唠叨[5]，嘀嘀嘟嘟，不晓得来东烦点儿啥西。他是不是受啥刺激的？辫儿拨人剪掉，朋友回了老家,他想不通吗?照道理说,像他格套通情达理的人,应该不会胫颈歪转别不转,他为啥事体入了"魔窠",旁人一时之间也看不灵清。

不过,四娘有点紧张,四娘跑到"沾衣十八跌"徐师傅身边,幽幽交对老徐说:"你帮我看牢他,我防恐他啥事体想不通,一剪刀搠穿自己喉咙。"徐师傅淡佬佬地说:"放心,你们都是自己空想想,因为剪辫儿,弄得来自己要翘辫儿吗?贾兄不是格套人!"老徐拨四娘吃了定心丸,她总算肯放落心来,去忙手头另外事体。

格次出现过,贾秀才又没见三天。等下卯再出现,他山羊胡修得根根笃齐,头上彻骨拉新一顶瓜皮帽,身上清清爽爽的长衫儿,脚上"边福茂"直贡呢布鞋,从头到脚,彻骨拉新一个人。格次,他包裹儿又放手边,茶么呼一口,耐悠悠、坦悠悠、笃悠悠,解开包裹儿,从里厢搠出一刀手稿,纸头翻起来窸哩窣噜,声音交关之响。他把手稿捧起来,搠到汪先生面前:"汪兄,请过目,请指教呦!"那一沓手稿,是用白颜色的麻线儿,一针一线,手工缝制的,而手稿的文字,是蝇头小楷,一笔一画,工整之极。贾秀才拨文稿毕恭毕敬,递到汪先生面前,因为他一直佩服汪先生的画笔,也晓得汪先生读过不少书。他说:"汪兄,前几日我拨人吃了一剪刀,一根辫儿报销,但格一剪刀,让我吃出了一点儿想法。鄙人身处杭州,理应用杭州人的想法,来发掘前贤诗文中之精华。格本拙稿,是鄙人尝试用杭州白话写的,谈的么,都是高人诗词,有不当之处,尚祈不吝指正!"

刚刚吃落三只"蟹壳黄",汪先生用手帕儿揩揩手,兴致勃勃,接过文稿,蛮蛮仔细地读落去。

李煜的三种铁器
——古诗词杭派新解之一

相见欢

无言独上西楼,月如钩。寂寞梧桐深院,锁清秋。　剪不断,理还乱,是离愁。别是一般滋味,在心头。

杭州人要么不发愁,愁起来的样子,大致上有两种:一种是"乱打呆鼓儿",即发呆,坐在那里一声不响,心里像蹚翻油锅。第二种是哭作啦呜,一副马上没得做人的相道,他自己愁煞,旁边的人看了也没办法。李煜来东《相见欢》里的愁,比一般杭州人的发愁,还要再愁,愁到煞心煞肝,覆水难收。他的愁,本来就不是小老百姓的那种愁,比如银子跌落,年关难过。李煜是皇帝位子拨人家撸掉,三宫六院没有了,格还不算,还要再当大宋国的俘虏,苦头吃足。他罪过的,他要愁起来,那是真叫愁。

但是,他把格首词写得雪上加霜,愁上加愁,主要还是借了三种铁器:

一把钩,一把锁,一把剪刀。

本来,发愁只是一般人的心理感受,要拨它提炼出来,就像要抓一把风拨大家看看,那是一件蛮为难的事情。李煜想的办法,就是用格三种铁家什,冰冰瀴,凉飕飕,让我们都嗒着这种味道。

想想看这副场景:做了亡国之君的李煜,心里不舒服,一个人闷声不响,走到西楼上去看看月亮。哪里晓得，人要倒了霉，喝口凉水也塞牙，人要做了阶下囚，看到一个月亮，也像是一把铁钩，不管落不落到你头上，看到了这把铁钩，它总是要先吓吓你再说。

来东没人的梧桐小院，更深露重，月白风清，真是蛮好的一个秋天，一把铁锁把人锁进院子里，想到外头去走走，透透气，泡泡混堂，都不成功。格辰光到底应该怪哪个呢？还是只好怪自己。

亡掉了自己的国家，一肚皮格苦，理都理不清爽，李煜最后想的办法，是索性一剪刀落去，把什格愁愁恨恨，都来个"一剪没"。哪里晓得，剪刀也不争气，因为他用的剪刀钢火不对，是一把钝剪刀，所以心里的乱麻剪也剪不断。他到底当了十多年皇帝，要他把荣华富贵的记忆当成一碗菜卤儿，全都倒了泔水钵头里，他总有点冷心肉痛，所以，他才会心里头一团乱糟糟。

没有格三样东西：钩，锁，剪，就没有李煜格首《相见欢》。如果李煜调一样，比如拿掉剪刀，调上一支火把，去烧他的离愁，词里头只见火光熊熊，反而一副兴旺发达的样子，跟他要说的意思倒是倒翻葫芦了。

龚自珍的落红
——古诗词杭派新解之二

己亥杂诗

浩荡离愁白日斜，吟鞭东指即天涯。
落红不是无情物，化作春泥更护花。

那天子是阿三跑来问我："老师，为啥龚自珍上头刚刚来东说太阳，突然又去说落红呢？"一般的教科书上,都把落红说成是凋零的花朵。我说:"阿三,落山的太阳是红的,也可以叫落红;春泥是黑的,也可以比喻成黑夜。龚自珍说来说去,还是勒哈说太阳落山的事情,他只是打了个比方而已。"阿三问:"格他为啥不直接说太阳落山,而要兜个圈子,绕个弯子呢?"我说:"因为太阳落山,明朝升起,这是不罪过的,但是好端端的漂亮花儿凋零,烂了泥里厢是罪过的。不罪过的事情,人家不会同情;罪过的事情,人家就会陪你一道伤心。只要激发了人家的同情心,后头的事情就好办的。"

我又分析落去,龚自珍说自己"家住钱塘四百春",也就是说,他们屋里厢是老杭州,杭州人说话的套路,当然是摸得来熟里熟,透里透。杭州人擅长讨口彩,没必要直说的话语,调个花枪,意思都懂,听者、说者,双方都落胃,多少好?杭州人为老人家做寿,为啥欢喜"不做十"?杭州人六十岁大寿,寿宴放了五十九岁做,七十岁大寿,寿宴放了六十九岁做,总归要提早一年。因为"九久同音",人都希望活得长久,所以选个带"九"的年份,讨个彩头,大家开心。如果是实实足足,来东实碰实的齐头数年份做寿,"十"的发音,跟蚀本、蚀耗的"蚀"同音,叫起来没嘎好听。同时,"做十"跟"做贼"发音相近,所以说"做九不做十",有个讨喜不讨喜的讲究。

再看药店里为人送药,即使送的救命药,店员也会婉转地说成"送补药""送糖汤",能避开"药"字,尽量避开,使顾客心情舒畅。新年将近,老板请伙计吃年夜饭,台面高头会放一条鱼,鱼尾巴对牢的那个伙计,就是吃了饭就要卷铺盖,拨老板回报的人。回报就是拨人辞退解雇掉,如果当面说出格些话语,显得硬呛,所以杭州人借了无声语言:一条鱼尾巴,代表了辞退的意思。一条鱼,来东年关,代表"年年有余",但是回报人的辰光,它就代表"你已经多余",多余的人,当然还是自己识相,自己开路拉倒。

想通了以上套路,龚自珍拨杭州人的思维,用于他的诗词创作,拨"落红"比成夕阳,把"春泥"比作黑夜的思路,马上就能够破译出来,一点儿不唐突。

李商隐的西窗烛
——古诗词杭派新解之三

夜雨寄北

君问归期未有期,巴山夜雨涨秋池。
何当共剪西窗烛,却话巴山夜雨时。

有一天夜里头,我看到外头落了几颗雨,本想学学李商隐,对雨抒情,但是刚刚走到门口,一脚踩进水汪凼,我就不敢乱抒情了,跌煞绊倒回来汰脚,钻进棉被筒里睏觉。第二天我老婆从娘家回来,我说昨天夜里我很想你,我同时把李商隐的诗词念给她听,她听了之后脸孔光青,一言不发。这天晚上,经我再三劝说,她终于说明了真相。以下是她一番评论的梗概,语气词与粗话一概省略。

一个男人对女人真不真,就看碰着事体寻不寻借口。你看看李商隐,多少会找借口,明明自己不想回家,却要推说是因为雨太大回不了家。只要一个人下定决心,落雨哪里挡得牢他,即使落刀儿,他照样可以回家!而且李商隐在男女重逢,共剪烛芯的时候,还不肯罢休,还要再强调自己为雨所困,无法回家的理由,这就更加叫人看不落去。夫妻生活讲究一个朝前看,夫妻不记隔夜仇,有事情风一吹过算数,不能老是翻陈年老账。

另外，李商隐其实已经不想跟这个女人好了，为啥呢？因为他在诗里运用了老祖宗五行相生相克的道理：他的诗里厢"夜雨"二字出现了三次，火只出现一次。雨水要么不落，一落就是天塌一样地狂泻；而他的情火，只有像西窗旁边的蜡烛一样，咪咪小的一点点，格点火，随便你接格拨，随便接格弄，总大不过一支蜡烛的劲道，能敌得过昏天黑地的瓢泼大雨？孙悟空是跳不出如来佛掌心的，豆腐再硬总是软的，刀儿再软总是硬的，水终归是水，火终归是火。如果你要离婚，趁早直说，千万霎学习李商隐，话语说半截，让人猜谜语。

呜呼！从以上分析，可再次印证杭州人的一条道理：舌头是没有骨头的，是可以横翻直翻，随便乱翻的。对老婆，从此要格外当心喔！

刘禹锡的弃置身
——古诗词杭派新解之四

酬乐天扬州初逢席上见赠

巴山楚水凄凉地，二十三年弃置身。
怀旧空吟闻笛赋，到乡翻似烂柯人。
沉舟侧畔千帆过，病树前头万木春。
今日听君歌一曲，暂凭杯酒长精神。

我庯了楼上，楼下有一个卖油墩儿的摊儿，一到夜饭脚边，生意最闹忙。有辰光馋了，我吊一只小篮儿到楼下，篮儿里放几个铜钿，去换两只油墩儿吊吊胃口。

今朝，我放落起一只篮儿，就对底下卖油墩儿的阿化说："今朝钞票不要找了！今朝我高兴！"为啥不要找钞票，为啥嘎高兴？阿化想不通，收了摊儿来敲我门，送上几只剩落没卖光的油墩儿，同时来问问清爽。我说："阿化，我刚刚读好刘大师格首诗，我搞懂了一个问题，那就是谐音的妙用。你看，'二十三年弃置身'这一句，'弃置身'的意思，杭州话讲就是'挂罐儿'，一个人有本事但是没派上什么用场。'弃置身'是明写，它读起来又叫'泣至深'，就是哭得来伤心煞。二十三年辰光白白浪费，越想越罪过，哭了二十三年辰光。你看，刘大师不愧为一代大诗人，高明不高明啊？"

高明？阿化摇摇头。阿化说："先生，你还有一层意思没读出来！"

哪里一层？我倒打了个呆鼓儿。

"喏，"阿化说，"'弃置身'读起来又像'妻子生'。要是一个做老婆的怀胎怀了十个月，过了二十三年，伢儿都生不落来，她当然搪不牢的。"

我疑惑。

阿化道："先生，我再调个说法儿，如果结婚结了二十三年，总算等到了'妻子生'，那格份人家肯定脰颈都候得酸煞！老婆不生伢儿，就要受婆家人的白眼，日子过得肯定不开心，所以，刘大师的诗，也是来东为我们女人家诉苦。唉，真要谢谢刘大师啊！"

阿化含泪而退时，我才想起，她阿化正是一个二十多年没有生孩子的不孕症患者啊！

对！明朝就让她去看石牌楼何氏女科，让她快生伢儿！但是四十多岁的女人家，伢儿还生不生得出呢？格……就不是我管得了的喽。

杜甫的落花
—— 古诗词杭派新解之五

江南逢李龟年

岐王宅里寻常见，崔九堂前几度闻。
正是江南好风景，落花时节又逢君。

阿林兴旺发达的辰光，交关得意，后来生意一落千丈，银子没了，娘子逃了，想想还有一个女人来东等他回去，那就是他的老娘，就回来当起了孝子。有一天，他路上碰到我，我看他落魄，不忍心看他尴尬，所以特地避开了。没料到，他第二天登门造访，说："先生，原先你是个随和的待人客气的人，为啥格卯看到我要避我？是不是我现在落魄，你就翻脸不认人啊？"

唉……我长叹一声，为他沏上一杯龙井新茶，翻开一本《杜工部集》。我说，我做的一切，都是跟精通人情世故的杜老先生做得一模一样的。

阿林问："接格说说？"

我说："唐朝辰光，歌手李龟年有木佬佬大的名气，当时身价抬得木佬佬高，进进出出，都是'大好佬'的家门。'岐王宅里寻常见'，'见'就是指的杜老用乌珠盯牢李龟年看；'崔九堂前几度闻'，'闻'指的杜老用耳朵仔细听。但是后来出了安史之乱，社会动荡，李龟年流落到长沙，碰到天气好的辰光，帮人家唱唱歌儿，挣点小钞票。'落花时节又逢君'，'逢'指的就是杜老先生在长沙碰到落难的李龟年。格辰光，杜老既不用眼睛看，也不用耳朵听，他碰到之后，胫颈别过，避避开算数。杜老为啥要避开呢？因为杜老碰到他，要是硬凑上去，格么说点啥西好呢？人家老底子套头足，吃红烧肉，格卯没套头，吃淡饭头，面子上多少有点过不去，为了人家面子着想，杜老还是避开最好。"

噢……阿林茅塞顿开。

不过，阿林问："要是后来李龟年又当上了歌星，日子好过了，他会不会怪杜甫来东他落难辰光怠慢他呢？"

"不会的！"我分析道，"格里还有一句'落花时节又逢君'，他不耳李龟年，可以解释成'眼花落花，猫拖酱瓜'。既然是落花时节，总容易眼睛看花。所以杜老先生的高明，就是早已为自己准备好了一条退路。他做人的高超，就来东格个里厢。"

马致远的小桥流水
——古诗词杭派新解之六

天净沙·秋思

枯藤老树昏鸦，小桥流水人家，古道西风瘦马，夕阳西下，断肠人在天涯。

前几天阿发他寻死觅活，要跳河，要上吊；格两天他心平气和，住到了桥脚边，跟我做起了邻居。每天他饭烧烧，老酒咪咪，总算安耽落来。有一天夜快边，我上桥看风景，他也嗡过来一道看。而且他还要带上一句："先生，我啦，格毛是夕阳西下，断肠人来东天涯，罪过啦！"

我问："你有啥罪过？"

他说:"喏,我一个外地人,来格里一个人上蹿下跳,爹娘不来东身边,娘子还没到位,想想真当凄凉,所以我是断肠人在天涯。"

我摇头。"你呀!你只知其一,不知其二。你真当断肠,那是你的福气!你现在最多是一只寻死作孽的昏鸦。"

"噢?"他乌珠弹出,一副梦瞌眬的相道。

我说:"你看,马致远的格只小令,一共分作三步走,说明了三种境界。第一步,枯藤老树昏鸦。枯藤好比伢儿刚刚生落来的脐带,绕牢胫颈,昏昏沉沉,啥西都弄不灵清,做人没有开化,格辰光你就是一只昏鸦。第二步,小桥流水人家。说明老婆寻着,做生活开心,做起了一份人家,格辰光脑子是清爽的,日子是暇意的。第三步,古道西风瘦马。说明年纪大的嘞,但是福还是有得享,弄匹瘦马骑骑,虽然不如轿子舒服,总还说得过去,格辰光心可以平平。"

"那么,"他问,"夕阳西下,断肠人在天涯?"

我说:"你如果到了天涯尽头,说明你要追求的目标已经达到,人到了最高境界,格辰光就会孤老头一样,孤独到断肠的地步!你格毛离天涯还有十万八千里,连小桥流水都没有走到,你要争取过上小桥流水人家的幸福日子,千万不要再去寻死,做一只昏鸦,懂吗?"

他点头。

过了两天,听说他又要跳河,我连忙赶去劝他:"啊呀,跟你说过,你千万不要再做昏鸦!"他胫颈一别:"哼,你当我是昏鸦?我要是不去寻死觅活,乡下头的爹娘难道会寄钞票拨我？你叫我去吃西北风？你才是一只昏鸦！"

噫！他真的不是昏鸦，他的脑子，原来比虎跑泉水还要清爽！

【三句不离"本杭"】

一只爹，一只娘：爹是男的，娘是女的，他们分属不同家族，甚至有的相距千里万里，但最后居然走到了一起，这也许因为一次偶遇，也许是经人撮合，夫妻二人能够相聚，都是因为"缘分"。

一双筷子，要成对使用。竹筷子就找同一家族的竹筷，木筷子就找同一家族的木筷。竹筷子和木筷子反差明显，竹家族，木家族，各不相同。如果一只竹筷子开了小差，居然跑到木筷子家里，竹筷、木筷搭在了一起，大家就会说，哎哟，这是"一只爹，一只娘"。比如一副手套，绒线的归绒线，羊皮的归羊皮，那也是两家人。如果一只绒线手套找了羊皮手套，拼拢成为一对，那么杭州人的表述，也称之为"一只爹，一只娘"。

这是杭州人开玩笑的戏谑叫法，不过，有些老杭州认了真，想要"三块铜钱摆两处——一是一二是二"，分析一下其中道理。于是，就有了一串问号：爹与娘，本是天生一对，对于不能配对的两个事物，拿什么词都可以比，杭州人为什么好比不比，要拿人们最尊敬的生身爹娘来作比呢？为什么要闭着眼睛说，相亲相爱的爹娘配不成对呢？我真百思不得其解。

"一只爹，一只娘"，本是一句笑话，但真要顶真，那我们可以说，这句"一只爹，一只娘"，恰恰说明了"认祖归宗"的重要性。竹筷子就得回"竹家"，木筷子就得回"木家"，你老家在哪里，根在哪里，都得正本清源，不能混为一谈。你们来自不同的原生家庭，因为因缘际会，走到一起，成为"一只爹，一只娘"，但你们的性别终究不一样，血缘也是没有的（至少是远的），所以"认祖归宗"的时候，你们还是"各回各家，各找各妈"，含糊不得哟！打个比方，竹筷子是爹，木筷子是妈，它们偶然走在了一起，成为两口子，但要追究身世，不得不说，竹筷子就得找竹家，木筷子就得找木家，一个属于爷爷家，一个属于外婆家，该分清的，就是要分清，这就是杭州人的顶真！

嬲（nia）这个字，在杭州人口中应用甚广，有纠缠、戏弄的意思，也有招惹之意，比如"嬲"来祸水，另外还有搭讪的意思。小孩子玩水彩笔，一不小心，把水彩颜料染到衣服裤子上，也能用上这个字，意通沾染；病人传染病菌，也可用这个字，表示传染。

林四娘说何秀才嬲陆干娘，用的是招惹的词义，陆干娘一颗寡妇心，经何秀才一嬲，晃荡晃荡，晃出了波澜。

吃相：吃相原意指吃饭时的姿态，杭州话里是指一个人没有修养的状态。因为吃喝是人的原始需求，饥饿时刻，一块肉会让人眼睛发绿，口水直流，人的动物性本能，会暴露无遗，在这个节骨眼儿上，人将露出自己的底牌，装都装不像。

烟头热气不分：生活中，烟气和热气不分之人，往往手不能提，肩不能扛，四体不勤，五谷不分，生活经验欠缺。烟头，从灶膛或者旱烟管上升起，看颜色，蓝莹莹或黑黢黢，闻气味，有点刺鼻、熏人。如果灶膛冒烟，还有柴草焚烧"毕剥"声响，只要动用五官，全方位观察，外形差不多的烟头（吴语指刚冒出的烟气），与热烘烘的热气，总归不难辨别清楚，不会稀里糊涂一笔账。所以，这句话表示的，是做人不识好歹，不懂得世故人情。

"莽葬不清"跟"烟头热气不分"异曲同工。

如果眼神不济，粗看"莽""葬"这两字，会以为一回事，甚至一个不当心，把莽当成葬，葬当成了莽，这一混淆，麻烦可能大，也可能小，但"莽葬不清"的引申义，在这里一目了然：莽葬不清之人，肯定是个糊涂蛋。就像剃头和杀头，一字之差，但一个动剃头刀，一个动鬼头刀，一个是让你享受，一个有你好受，这一字之差，能不看个明白吗？

词语注释：

（1）嗡（ong）：拥挤；围住
（2）睏觉（kun gao）：睡觉
（3）拗滋搭味（ao zi de vi）：感觉很差
（4）相道（xiang dao）：样子
（5）譔古唠叨（zuo gu lao dao）：唠唠叨叨

第六章　"儿语"的应和

读过贾秀才《古诗词杭派新解》，汪先生激动了冒长辰光，因为他没想到，贾先生用杭州人的土话，去跟古诗词"拗[1]手筋骨"，拗出了新花样，真当会起课头。他眉头一皱，别出了一个新的想法：他，要用杭州人张口闭口都会说到的"儿"字作韵脚，用"来毛儿"作主角，拨各式各样的"儿"字凑拢，写出一篇《来毛儿新生记》或《来毛儿历险记》。但他勉为其难、绞尽脑汁、搜肠刮肚、恶心恶肝，最后才兹挤出下面格篇东西：

桥边来了个来毛儿，身穿一件褡肩儿
头上留了嵌发儿，头顶两个漩涡儿
自认是个老道儿，从小欢喜吹鳃儿
碰着几个老炮儿，一道去拷瓦爿儿
吃过干菜汪刺儿，再来三块咸件儿
盘里一刀糖饼儿，碗里五只火柿儿
肚里都是油水儿，吃得来好比梦人儿
见到饭馆面保儿，送人一只面鬼儿
门口看到格阿奶儿，上好一副条杆儿
肩上背只包裹儿，脸上两只酒窝儿
雪雪白的脸盘儿，红噌噌的小嘴儿
看得他打起呆鼓儿，他想问人家地脚儿

〔南宋〕周密《武林旧事》说到别处所无的"小经纪"中带"儿"缀词的杭州话

人家骂他是花壳儿

吃着格套钝白儿，他走落两步踏步档儿

送人家一只大气泡儿

人家骂他骚各咚儿

他想跟牢人家做个跟屁虫儿

人家掼他枇杷核儿

吃着格记懊恼浆儿

他不敢再做洋油箱儿

想想自己一个光棍头儿

没有老婆没有伢儿

身体不崴是只药罐儿

挣龙钿只能捉捉狗污头儿

朋友挖他脚底板儿

说他是没花头的灯草拐杖儿

人家做生意忙出疡骸核儿

他做生意从来是琼琼鬼牌儿

面馆里做学徒斩不来肉饼儿
炒货摊学生意炒不好白果儿
最多打打下手跑跑腿儿
做事体永远就嘎蟹脚儿
想啊想，想想一肚皮格苦水儿
逼出了眼睛里厢的眼泪水儿
为啥我总是眠床底下放鹞儿
为啥我总是做随人捏捏过的面团儿
前头来了个歪料儿
嘴里嚼了酣豆儿
他叫来毛儿帮他拎包儿
包他顿顿肉圆儿
此人姓汪名德贵
噪来毛儿跟他穿连脚裤儿
两人搭档做阴阳法儿
去赢人家的麻将牌儿
他拨来毛儿领进场子
格里厢有老头儿有北佬儿
还有闷声不响的暗钩儿
格里烟雾腾腾叽叽喳喳
声音像鼓楼上的麻雀儿
来毛儿做法儿有点慌兮兮儿
有人一声叫："他来东做法儿！"
几个人七手八脚抲牢了来毛儿
来毛儿拨人抲牢吓出活灵儿
舌头抖格抖，说话语像个叼嘴儿
有个喉咙尖削削的刺血儿
骂他来东拨大人滴卤儿
有个正来吃点心的男人家
夹头夹脑掟他一只瓢羹儿
而汪德贵逃得来没了鬼影儿
只留落一个瑟瑟发抖的来毛儿

格辰光有人举起条凳儿
要去揉这个一脸罪过的来毛儿
出手挡牢的是个四罩儿
说是揉出人命要吃铐儿
朋友你拨我气耐耐
让我来教育教育格位不大争气的来毛儿
来毛儿啊来毛儿
我认识你们屋里厢格老头儿
他从小罪过是个小孤儿
而你是他马路上抱来的毛头儿
他自己泡饭过过酱瓜儿
喂你吃都是蛋白儿
省龙钿拨你买糕糊儿
还拨你买彻骨拉新的洋袜儿
你大起来只晓得外头荡荡儿
生活不做，挂罐儿
你接格对得起你辛辛苦苦的老头儿
你真当不应该拨你格爹娘滴卤儿
头卯你手要拨人拷断，你变肢手儿
你脚要拨人拷断，你变跷拐儿
你哪怕吃吃力力，挑副盐担儿
也好过去捞见不得人的油水儿
来毛儿啊来毛儿
但愿你从今之后发个兴
做一个堂堂正正的好男儿！

【三句不离"本杭"】

　　山西人喜醋，四川人爱辣，这都是妥妥的地域标签。而杭州方言里，也有一个标签，即杭州方言多"儿"字。杭州话的"儿"，和北京话的"儿"有啥区别？

北京话，所有带"儿"的后缀读音，基本是"儿化音"。发音时，那"儿"的音像盐化于水，舌头卷一卷，那音就算发过了，什么"老头儿""花儿""球儿"，那个"儿"音，都得依附于那个字，不能单独成为一个音节。而杭州话读"儿"，那是实打实地，把这个"儿"字，完完整整、清清楚楚地念出来，让它成为一个独立音节。所以杭州话的"儿"，是儿尾音，儿尾音不是儿化音，没有化掉，像小伢儿，老头儿，耍子儿，搞搞儿，每一个儿尾音都清晰可闻。弄清了这一点，杭州话的"儿"字特点，也就是一清二楚了。

杭州话中，还有三字组的"嵌儿词"，就是"儿"字居中，三字组成的词，如"片儿川、件儿饭、扒儿手、杭儿风、瓢儿菜、芡儿粉、筒儿骨、馃儿纸"等等。

老杭州茶余饭后，时常会以此娱乐："你能说出多少三个字的中间带儿字的词语呢？"老杭州以语言文字作为娱乐项目，这算是一个经典节目。

如果把汪先生所作的《来毛儿新生记》翻译成普通话，那么，大概是下面这个样子的，普通话和杭州话的不同，表现力的差异，大家可以自行体会：

> 桥边来了个来毛儿，身穿一件坎肩儿
> 头发留着刘海，头顶有两个发旋
> 自认是精于处世的人，从小就喜欢吹牛
> 遇见几个老江湖，一起凑份子就去吃上一顿
> 吃过了梅干菜烧汪刺鱼，再来三块咸件儿
> 盘子里一叠糖饼，碗里面五只柿子
> 吃得脑满肠肥，忘乎所以
> 见到饭馆里的跑堂师傅，送他一个面具
> 门口看到一个保姆，身材非常的妖娆

肩上背个包裹，脸上两个小酒窝
雪白的脸庞，红红的小嘴
把他都看呆了，他想问她的住址
她骂他好色
吃了这个闭门羹，他走下两级台阶
又送她一只气球
她骂他是色鬼
他跟在她后面，女的走到哪儿他跟到哪儿
女人朝他扔枇杷核
碰上这么件让人懊恼的糟心事儿
他也不敢再做二流子了
想想自己还是个老光棍
没老婆也没孩子
身体糟糕常年吃药
想挣钱却只能做做拾狗粪的小事儿
朋友揭他老底
说他是不堪重任的人
别人做生意忙出淋巴结肿大
他做生意向来都是得过且过
面馆里做学徒他斩不了肉饼子
炒货摊学生意他炒不好白果
最多只能打打下手跑跑腿
做事情永远都这么差劲
想啊想，想想一肚子的苦水
眼睛里流出了泪水
为什么我总是想一飞冲天却找不到路子
为什么我总是由人摆布
这时前面来了个瘪子
嘴里头嚼着豌豆
他叫来毛儿帮他拎包
包他顿顿吃肉圆子
此人姓汪名德贵

怂恿来毛儿跟他穿连裆裤
两人搭档作弊
去赢别人的麻将
他把来毛儿领进场子
里面有老头子也有北方人
还有不发一言的暗探
这里烟雾腾腾叽叽喳喳
声音像鼓楼上的麻雀
来毛儿作弊心里有点慌张
突然有人一声叫："他在作弊！"
几个人七手八脚抓住了来毛儿
来毛儿动弹不得吓得灵魂出窍
舌头抖啊抖，说话结结巴巴
有个喉咙尖细、脾气火爆的人
骂他在给父母丢脸
有个正在吃点心的男人
劈头盖脸朝他扔过来一只调羹
而汪德贵呢，早逃得没了影子
只留下一个瑟瑟发抖的来毛儿
这时候有人举起长凳
这要去砸这个一副可怜相的来毛儿
出手阻拦的，是个戴眼镜的人
说是打出人命可要坐牢
朋友你别气急
让我来教育教育这位不大争气的来毛儿
来毛儿啊来毛儿
我认识你的爸爸
他从小是个可怜的孤儿
而你又是他马路上抱来的婴儿
他自己用酱瓜下泡饭吃
喂你吃的都是鸡蛋蛋白
他省钱拨你买荷花糕

还拨你买崭新的袜子
你长大了只知道在外闲逛
游手好闲不干活
你怎么对得起你辛辛苦苦的爸爸
你真的不应该给你爸妈丢脸
刚才你的手要是被人打断,你手就残疾
你的脚要是被人打断,你就变瘸子
你哪怕辛辛苦苦地做挑夫挑盐担子
也比去干见不得人的勾当强得多
来毛儿啊来毛儿
但愿你从今以后痛下决心
做一个堂堂正正的好男儿!

汪先生研究的是杭州话中的"儿语",贾秀才研究的是诗词类高雅文化的市井化解读,这一类解读,当下依然可继续,正是:

大俗方能大雅,何惧笑掉大牙。

杭州视角(1):打呆鼓儿

例诗:

床前明月光,疑是地上霜。
举头望明月,低头思故乡。
——〔唐〕李白《静夜思》

同行者中,有杭州人吗?似乎有那么一位,他和李白走了很长的路,晚上下榻客店,脱鞋泡脚,脚底一阵刺痛,扳过脚底板,哟!脚掌早已磨出了水泡。他想早点儿休息,可李白一直不肯躺平,同伴想劝他,又怕扰了诗人醒着的梦,他担不起这份罪责,所以他回了自己房间。二趟再过李白房间,他看李白披衣而坐,冷冷的白月光照在李白身上,李白真的白了。杭州人看得一愣一愣,打了一些"呆鼓儿",终究还是不敢打扰诗人。待他半夜上茅房,看李白还在房间里睁着眼睛,仰望天空,他终于熬不住了,他扔出了一句正宗杭州话:"你还勒哈打啥格呆鼓儿?你好睏的嘞!"

诗人是要沉思的,他的沉思,连通山河岁月,接牢兴衰荣辱。但杭州人的语言习惯,是把"沉思"叫作"呆鼓儿",相当于鼓手的一出神,给阵阵催人的鼓声,挖出了一个停顿,闪出了一段空白。说得倒挺形象,不过,把优雅沉思,说成"打打呆鼓儿",会不会俗了点儿?对,杭州话不给人端架子的机会,只要杭州话一出声,飞翔半空中的人,马上就会降落地面。

那直接用杭州话,把"沉思"给念出来,行不行?当然可以试试,沉思、沉思、沉思……好像听着不对劲儿,一不当心,就读成了"寻死、寻死、寻死",发音脱口而出,朋友间打打闹闹,男女间打情骂俏,用这"寻死"俩字儿,还显得亲热。倒是"沉思"的发音,顿时让人脸色凝重,不敢喘大气儿,让烟火气浓浓的杭州话,平添"寂寞空虚冷"。幽远高妙,曲径通幽,好吗?不好!因为很像"糖浆里面放酱油——拗滋搭味"。它太沉重了,俄罗斯风格的"谁记得一切,谁就感到沉重",和杭州话不太配套。

"呆鼓儿"是一段小放松,是一段小空白,呆鼓儿里想的事,不多,时间也不能太长,太长了叫"呆鼓鼓",不叫"呆鼓儿"。打"呆鼓儿",能打出味道,"呆鼓鼓"则是指呆若木鸡,眼珠发定,脑袋不灵,有点儿呆头呆脑,说不定需要去中医门诊部挂个号,看看老中医。

杭州视角（2）：见人说人话，见鬼说鬼话，人鬼一道说胡话

例诗：

> 宣室求贤访逐臣，贾生才调更无伦。
> 可怜夜半虚前席，不问苍生问鬼神。
> ——〔唐〕李商隐《贾生》

皇帝是古时的大老板，他手下的大臣，一个个都是打工者。打工者要让老板开心，一要会做，二要会哄。会做，就是手脚麻利，把活儿做利索，不出次品；会哄，得会说话，会顺竿爬，皇上爱听啥，我说啥，反正哄得皇上高兴了，皇上就给糖吃，一给一大把，甜丝丝的，甜得让人从嘴里舒服到心里。若有不识相的大臣，专拣皇上不爱听的说，说得皇上不痛快，皇上也给糖吃，吃的是凉糖，一给就是一把，那是一把凉凉的鬼头刀，凉丝丝的，请人吃糖的部位，不在嘴巴，而在后脖子，噔一下——凉噔！

所以，说话，还是要看人。酒逢知己饮，诗向会人吟，逢人只说三分话，不可全抛一片心。杭州人教人说话，学问不在舌头，或者说首先不在舌头，而在眼睛。为什么这么说呢？因为你先得辨别，对面这人关系远近，是人是鬼。有的人见了，你不但不能敞开了说，甚至，还得绕道儿走。不过，话说回来，谁能生就一双孙悟空的火眼金睛？眼力没修到那个程度，眼睛有近视、远视、散光，问题不少，那怎么办？那就得兜里揣上一袋儿胡话，或一袋儿笑话，打个哈哈，大家高兴。哈得好，能远灾祸，保平安，过太平日子；哈得好上加好，就能诞生杭州本土知名品牌、驰名商标——娃哈哈……

杭州视角（3）：有钱钱交代，无钱话交代

例诗：

> 东风未肯入东门，走马还寻去岁村。
> 人似秋鸿来有信，事如春梦了无痕。
> ……
>
> ——〔宋〕苏轼《正月二十日，与潘、郭二生出郊寻春，忽记去年是日同至女王城作诗，乃和前韵》

捻捻胡子，微笑着，微微叹口气，东坡先生念出了这两句诗。假设此时围绕他身边的，有那么四位小跟班，北京人、上海人、广州人、杭州人，他们听到诗后的反应，各有风采：

北京人会想象春梦像大雁，人字形飞过钟鼓楼，消失在远方；上海人会想象春梦像春雪，坠落黄浦江，化作了涟漪荡开；广州人会想象春梦像陶陶居早茶，化作了香味飘散。那么杭州人呢？他跑去了哪里？东坡先生回头找寻，见那杭州小伙匆匆忙忙、跌跌撞撞跑回先生身边，对先生说："先生，先生，'了无痕'酒楼已经找到，就在前面拐角处，午饭要不要订在那里？"

了无痕，就是没有痕迹，但是没有痕迹，我要找出痕迹，这是杭州人的思维特点。那些看不见、摸不着、说不清、道不明的事，像一阵阵飘来飘去的花香，而过了花期，花香也就和大家说"拜拜"了。但杭州人不依不饶，他们对花香的态度也是：你必须留下来！不能是抓不住的。你看他们选择市花，先是选了那种花香浓的，要醉煞人的桂花；他们还想尽办法，把桂花打下来，晒干、腌制，做成糖桂花，吃白木耳炖品时撒一点，吃藕粉时撒一点，既能添香提味，也能醒胃健脾。杭州人变无痕

为有痕，方法多多。正如那个杭州小跟班，要循着"了无痕"这三个字，找出现实里存在的酒楼。

我们再举个例子吧，外地人甲，借了杭州人乙的钱，到时候还不出，翻遍衣服兜儿，一分钱没有，所以甲耸耸肩膀，说声："没有！"但杭州人不肯走，杭州人堵住了他的路，甲强调："我没钱，我真没有！"但这个时候，乙还是堵着路，不让甲走，甲就火了，甲大了嗓门："你都看见我没钱了，你还等这儿干吗？我没钱，我还不出，你准备怎么办？我今年不还明年还，明年不还后年还，后年结婚我收了结婚礼金，我一定还，下个月我要收回工程款我也会还，行了吧？好了吧？可以了吧？啊！"哐哐哐，他发泄一通，一副死猪不怕开水烫的样子，没想到乙笑了，乙说："太好了，你总算有了个交代。有交代，有期限，我没拿到你的钱，但拿到了你的交代。有交代，我就是得了回音，我不是两手空空地回去的，我是捧着你的交代回去的。"——当然，打欠条是更实在的交代，这就叫"有钱钱交代，无钱话交代"，一句交代的话，是你的一个态度，也是我拿到的一样东西。

我们说回到东坡先生，他为什么让杭州人想念？因为他做的事，对了杭州人的脾气，让杭州人有钱可以钱交代，把钱交代给一碗"东坡肉"——入口即化，浓油赤酱；无钱可以话交代——把话交代给千古名句"水光潋滟晴方好，山色空蒙雨亦奇。欲把西湖比西子，淡妆浓抹总相宜。"

杭州视角（4）：裤带儿高头打个结头

例诗：

死去元知万事空，但悲不见九州同。

> 王师北定中原日，家祭无忘告乃翁。
>
> ——〔宋〕陆游《示儿》

重要的事情说三遍，重要的事情说三遍，重要的事情说三遍——这是当下的流行语，意在提醒过于匆忙的现代人，不疏漏、不出错、不遗忘。但此话有个前提，这是针对大活人说的话，事情重要与否，一般都是对活人而言，对于死人，还有什么事很重要吗？有的，陆游先生提出，让他在九泉之下，听到王师北定中原、收复失土的消息，这个消息，哪怕他死了，他也要听。

杭州人关照他人，对重要之事，要求自己务必牢牢记住，有个说法叫：裤带儿高头打个结头。

裤带儿，即腰带，它有个特点，人到哪里，它到哪里，它跟定主人，不离不弃。裤带打结的说法，最早可追溯到古时的"结绳记事"，即在腰间的裤带结头，起到提醒作用：上床解衣，手碰结头，哦，有那么件事！上茅房解手，手一碰结头，哦，有那么个事儿！裤带的系，和脑子的记，还有个谐音：系住系住，记住记住，都是在提醒你，要握住某些东西，不能松开。

当然，对于忘性太大的人，裤带上有这个结没有这个结，效果是一样的，他会问：裤带上为啥要打这个结头？甚至他根本就忘了打结。

词语注释：

（1）拗（ao）：扳

第七章　五伯伯的嘴皮子

　　小杭时常勒哈想，一个人要活出五伯伯的样子，也算活出了人样，五伯伯走勒路上，时常有人朝他点点头，朝他笑格笑，人家屋里厢有啥格兄弟不和、父子吵架、妯娌撕破脸皮、婆媳味道蛮淡，他们常常会想到五伯伯，请他来出个面，主持主持公道。当老娘舅，他也是当出了精，好比一位老拳师，对拳路摸得来熟里熟。他身板又阔，模子大，桌子上横头一坐，喉咙一响，两方面的人，都不敢再乱来。一桩事体，七矫八矫，蛮难处理，好比一蓬疯婆儿的头发，有的翘翘起，有的打了死结头，他不慌不忙，捏了一支捤儿，慢慢交去梳，拨翘起的地方，梳梳平，拨死结头，松松开，一支捤儿[1]梳几梳几，头发纹路，会慢慢交服帖，戳兮兮格事体，也就慢慢交摆平。看他接格教训林小杭，接格评价杨乃武，大家就能嗒出，他到底厉害勒哪里。

　　"壶笑天"茶馆店里，有个姑娘儿，名叫小兰儿，时常来提篮叫卖，一只小小篮儿里，装了盐金枣、花生米、兰花豆、五香豆板儿。小兰儿年纪跟小杭差仿不多，一只小辫儿，梳格梳，一晃一晃。小杭欢喜跟牢她，身旁边有铜板，总要问她买格样那样。但小杭毕竟年纪小，做人不大有分寸，人家生意不好格辰光，没心思耳他，

第七章 五伯伯的嘴皮子

〔南宋〕李嵩《货郎图》，画中蒲扇上的"旦滋形吼是，莫摇綦前程"（但只行好事，莫要问前程），是当时杭州话的一种记录

他也嗒不出味道，还是由着自己性子，唱唱小曲儿，寻小兰儿开心："我是姑娘儿，梳只小辫儿，手抓小篮儿，沿街卖豆儿，卖出好价钿，回去孝敬爹老头儿！"格天因为天公不作美，天高头阴司刮嗒格一副样子，太阳么没开，落雨么不落，茶馆里茶客不多，小兰儿篮儿里的货色，就不大卖得出去。生意淡，做啥西都劲道不足，她嘴巴翘翘起，小嘴巴好挂油壶。小兰儿不想理小杭，但小杭不识相，看到小兰儿不理他，还是不肯歇落，居然搦两颗花生米，去捉小兰儿，捉出一颗，正中小兰儿额骨头，小兰儿一甩辫儿，眼泪水儿包乌珠，差点儿屏不牢流出。但小杭捏促，还是不歇落，勒一记，又捉出一颗花生米，那颗花生米飞过小兰儿头顶，居然飞向五伯伯，啵嘟一声，跌进五伯伯的茶盅，溅开了水花儿，溅得五伯伯呆一头。五伯伯袖子管撸格撸，乌珠盯牢小杭。小杭晓得五伯伯懊恼的，马上下脚发虚。五伯伯训他："人家不欢喜听格调儿，你硬要唱拨人家听，唱得来人家眼泪水儿包乌珠，我看你要赔人家！"他对小兰儿说："小兰儿，你坐一歇！"他从自家袋儿里摸出块银元，晃格晃："格块袁大头，买小兰儿整只篮儿里厢格东西，还有得多。"小兰儿连连说："覅覅覅，覅勒嘎多的。"五伯伯笑了，说："小兰儿你覅急，我话语没说好，格块银元，要么由我出，要么由他出！"他指牢小杭："头

卯他拨你弄哭，是他格错，我可以作证。弄哭不算本事。弄笑才叫本事，格卯他要拨你弄笑，就算他厉害，头卯早格事体，一笔勾销，小兰儿你说好不好？小兰儿笑，我就用我格袁大头，买落篮儿里的东西，分拨大家吃，如果小兰儿不笑，小杭就要用自己的银元，买格一篮东西，分拨大家吃！小杭，你如果还要认你五伯伯，要我今后带你出去耍子儿、见世面，你马上现开销，讲笑话儿拨小兰儿听，我们大家都耳朵笃起，听牢来东。你如果讲不出，你就马上认输，来不来？"五伯伯的话语，不是凶巴巴说的，而是和和淡淡，甚至说到后来，还有点儿笑眯眯，但他说的每一个字儿，都像一枚钉头儿，钉勒小杭耳朵里，让小杭不得不连连点头，说"喔喔喔"，但"喔"了半天，要他像城隍山上变戏法儿，马上变出一只笑话儿，他还是有点儿……不大搁得牢。如果变不出笑话，格格格，格是要掬出袁大头的，接格办？想到格里，小杭搔搔头皮，问五伯伯："要是我说不出笑话，也掬不出袁大头，你说接格办办？"五伯伯"哼"了一声："接格办？要本事没本事，要钞票没钞票，我看你只有拎上篮儿，去帮小兰儿卖光格一篮花生豆儿，我才兹好认你格小兄弟！否则，下回我们只有看见也当不认识，我们桥归桥，路归路的！"小兰儿正眼看五伯伯，看见五伯伯的脸孔，黑了一点儿，她又斜眼看小杭，看小杭的眼白儿，多了一点儿。脸孔黑，像包公，眼白白，像小丑。不过，五伯伯格一吓、一激，倒激出了小杭的一只笑话儿，格只笑话儿，好当一只故事讲。小杭说："格我就讲一只笑话儿，是我自己碰着的事体。河埠头陆干娘，屋里厢有个小外孙，两岁半，话语说不灵清。那天他呜呜呜说：我，要马上吃饭！陆干娘听到之后，马上喂他荷花糕儿，他哭起来，摇摇头：覅，覅，覅。他们爹过来，喂他年糕，哄他糖蘸蘸，多吃块，他还是哭：覅吃，覅吃，覅吃。他姆妈过来，拨他掇来一碗肉丝面，要喂拨他吃，他还是哇啦哇啦哭，覅吃。我过去，马上就拨他摆平。

我过去问他一句：你到底想作啥？他说：我想马上吃饭！我抱起他，走到河埠头，来到一只小伢儿搞搞的木马旁边，拨他放了木马高头，问他：你是不是想格匹'马上'吃饭？他格格格笑起来，哇啦哇啦高兴煞，手啦脚啦，都迢起来，格辰光大人喂他吃啥西，他就吃啥西。原来他的要马上吃饭，是要骑马嘟嘟，骑到马高头吃饭啦！他屋里厢格大人，没一个听得懂他格话语，我反而是一听就懂，你说发靥不发靥？"

格桩事体，说格人哇啦哇啦，听格人认真仔细，但小兰儿听了半天，一时还没反应，估计还来东回味，到底格事体，发靥了哪里？她嘴巴张了蛮大，笑不像笑，倒是五伯伯，不但听懂，而且也笑了。他一笑，事体就好办了，因为他是事体中间那个判案的"县官老爷"，是拆劝调解的"老娘舅"，他格态度蛮要紧的，他笑，也代表小兰儿至少笑一半。小杭说好之后，揩揩额骨头，他头高头，渗了点儿虚汗，但五伯伯一句话语，让他格骨头先紧后松。五伯伯说："我看小兰儿听了你格笑话儿，好像没笑呢！不过，至少她听了冒仔细。小兰儿，你有没听清爽啊，小杭说的'马上'，是啥意思啊？"小兰儿小嘴儿张格张，笑眯眯的，看来嗒出了味道。五伯伯点点头："好，小兰儿笑的。来，格块袁大头，就拨了你，买格一篮东西！小杭、小兰儿，你们只管去拨东西分拨茶馆里格客人，全部分光，让他们吃格高兴，就说是我打赌打输了！小兰儿啊，你蹇扭扭捏捏，铜钿搦了去！"格桩事体，五伯伯做得滴水不漏，小兰儿转怒为喜，得了实惠；小杭吃了瘪，受了教训，板子打到他身上，不轻不重，让他出出汗，收收骨头，还逼出了他一只笑话，又不伤他的脾胃。因为五伯伯掇出了一块袁大头，还让小杭觉得欠了五伯伯人情。嘻！五伯伯，五伯伯，真当是个高手！

再来看杨乃武小白菜冤案，谈格人多，分析格人不少，但是要分析落门落槛，分析得好比"斑马的脑袋——头头是道"，那就不多。我们来听听五伯伯怎么说。

茶余饭后，众人争说杨乃武。一则是因为事体出奇。杨乃武和小白菜，一对男女，拨人当作"奸夫淫妇，谋害亲夫"的例子，打进死牢，同吃冤枉，推板一线线，就成了刀下鬼，若没有慈禧太后开金口下令彻查，格只案子，只能是"白狗偷糠，黑狗被打——冤枉到家"了！

因为案子大，轰动全国，所以大家谈起来，头上青筋爆出，脸上乌珠弹出，劲道十足，好像都有话要说。"壶笑天"茶馆中人，有的老底子见过杨乃武本人，有的跟他打过交道。杨乃武出牢监之后，功名撸掉的，当官也耍想的，他就心思收拢，一心一意培育蚕种。因为培育上心，名气蛮大。茶馆当中，有人种桑养蚕，需要蚕种，还问杨乃武买过。因为他离大家近，茶客们说起他，有鼻头有眼睛，有血有肉，能够说到角角落落，锅儿缸灶。不过，大家说勒再热闹，还是愿意听五伯伯说个说，五伯伯是"千锤打锣，一锤定音"的茶馆一只鼎，是"拳头虽小，专打穴道"的好手儿。他，评价前清手里格起冤案，是接格的思路呢？

五伯伯评：人怕犯忌

直话直说，杨乃武有才，你看他先中秀才，后中举人，没有三分三，哪能上梁山？他有个秀才朋友，嘎套评价他："方圆百里，杨兄是第一刀笔，没有打不赢的官司。"他厉害到啥程度？看他仅仅用一副对联，几句话语，就救过一条人命。格桩事体，说的是旗营将军府里，有一个牧马人名叫阿登，有天闯了祸：他放马钱塘江边，因为不熟悉潮水水性，不晓得涨潮的厉害，拨马放勒江边。

饮马钱塘江，只是看看好看，真当潮水扑上来，来势汹汹，一口气吞掉将军府五匹骏马。

阿登吓得来透心凉，三魂没见了两魂半，想想自己闯的祸，只能一人做事一人当，该当受罚。将军一怒之下，拨他打入死牢，他自认晦气，听天由命。但阿登老婆不肯，她想救救自己的老公看，为五匹马送掉老公一条命，她不甘心。

所以，她寻到了杨乃武门前，请他来帮帮自家老公，求他写个状子，去衙门告状。杨乃武劝她，格套事体你正儿八经告状，哪里告得赢噢？跟将军大人拗手筋骨，你要使巧劲，不能用蛮劲，所以杨乃武写成一副对子，让阿登老婆速速递呈将军。对子什格写：

鲁厩焚如，孔子问人不问马；
钱江潮涌，将军问马不问人。

格副对子，好比一只生煎包子，包了一个典故：当年孔子的马棚遭了火灾，孔子急于问人员受伤没受伤，不问马到底伤得接格套，格叫仁者爱人，以人为本；再看将军本人，看重马的死活，不重人的死活，甚至将一时失误的放马人打入死牢，两厢对比，孰高孰低，不是一目了然吗？

将军失了心爱之马，急火攻心，对马夫肯定要治罪，但不一定要杀。将军气头上，难免说重话。杨乃武的对子递上去，将军可能会红格红脸，皱格皱眉头，但人命关天，为几匹马杀人，于心何忍？所以将军马上拨人放了。因为从死牢里救了一个人，杨乃武的名气，一下子起来了。

杨乃武骨头硬，文才崭，但有辰光性子太急。文才用得好，能救人，文才用得夕⁽²⁾，会害人，它跟郎中用药，道理是一样的。同样写对子，杨乃武另外写的一副对子，就犯了大忌，为他以后吃苦受冤枉，埋落一条祸根。

话说清朝手里，粮户向官府交粮，规定米送到格辰光，大米要堆得冒尖，收粮官连踢三脚粮袋，砰砰砰，洒落的米，就归粮官所有，不得送粮人自行取回。格套做法，明摆了是与民争利，大小粮户恨勒心里，大家心里都别了一口怨气。后来官府顺应民意，禁止收粮官量米格辰光用脚踢米，交粮米粒洒出，归粮户自己，人家拿不来。但仓前收粮官，我行我素，老方一帖，抚台衙门有告示，你去告去，他耳都不耳。收粮格辰光，砰砰砰三脚，照踢不误。格套踢法叫"踢斗淋尖"，不拨头上的尖尖踢掉，他就不落胃，好像粮户前世欠他，孝敬他就是应该的。粮户商量来商量去，还是去寻杨乃武主持公道吧！受委托，杨乃武寻到县衙，跟县太爷刘大人理论。刘大人本来就不是个公道人，你一个小小秀才，他也不放勒眼里。开始他装腔作势还敷衍几句，后面他听得不耐烦，火气上来，索性拨杨乃武赶出衙门。杨乃武夹头吃着，一口气咽不落，格首一副对子，刷刷刷写落："大清双王法，浙江两抚台。"从来是国无二主，天无二日，如果大清的王法成双出现，格么总有一个王法，是犯上作乱，一旦追究，格是死罪难逃。杨乃武帮人官司打得多，讼词写得多，格副对子一落笔，刀刀见血，从刘大人到小跟班，县衙门整班人马，上上落落看了格副对子，估计都会倒吸一口凉气。

更要命的是，格副对子，后来直接贴到了县衙墙上。对子上墙，名声远扬，刘大人看了那十个字儿，恐怕会急火攻心，一口老痰涌上喉管，没噎着算他运气。收粮官连踢三脚，与民争利，格套做法，一定错；县官装聋作哑，有错不纠，官官相护，不加处理，也是一个错。

但用县衙墙上贴对子,来对付格套错上加错,妥不妥?可以再商量。老辈儿拨我们留落一句话:事缓则圆。螺蛳硬吃,牙齿会咬坏,螺蛳壳儿崩碎,还会伤着嘴唇皮儿,恐怕犯不着。霸王硬上弓,硬要弄到底,格叫:伤敌一千,自损八百。最好的办法,是暂时冷一冷,耐一耐,慢硬吃螺蛳。而杨乃武不肯缓,不肯慢,格副对子,来东县太爷心上种了一根刺。

跟县太爷的过节,杨乃武本来还有一个消除的机会,就是杨乃武中举之时。本县有读书人新中举人,本地官员到屋里厢拜访贺喜,是礼数,也是程序。县官刘大人当然想利用格机会,跟杨乃武谈谈天,套套近乎,修补修补彼此关系,也是情理之中。但万万想不着,杨乃武性格蛮刚,他使出一招撒手锏:烧草鞋送客。

常言说得好,鱼辫鱼,虾辫虾,乌龟辫王八。杨乃武跟刘大人,脾气不对路的人,辫道当然难辫。不过,朋友做不成,也不一定成仇人,最多,做个互不相识的过路人。但杨乃武一是一,二是二,爱憎太分明。县官老爷上门,如果厌憎相,搁着不对路,你避避开,暂不碰头,也是可以的。最好么,敬杯茶,缓和一下,做点场面文章,更加圆通。但是,杨乃武不肯,他一定要对方落不来台。看到县官老爷上门,他拎出一双草鞋,当勒人家的面,开始点把火,拨草鞋烧拨他看。

一双草鞋迟不烧早不烧,县太爷来了就开烧,格是啥道理?不晓得格老倌,头顶萝卜,没数没章[3],而晓得内情的人,就说得出其中奥妙——格是拨县官老爷当成了阴曹地府的黑白无常,烧草鞋,是送勾魂使者黑白无常上路。草鞋,不能随便烧,人家屋里死了人才兹好烧。老底子民间说法,人死后,魂灵司是拨阴间黑白无常拘了去的。无常,通常都凶,会恶声恶气,赶鬼魂上路。

为了让鬼魂少吃点苦，少遭点儿罪，活人会烧一双草鞋（最好绳索儿脱落），烧拨阴间，让黑白无常行走不便，一跷一跷，黑白无常格辰光只管脚上鞋子落不落胃，鬼魂格事体，它们就管不了嘎多哒。草鞋是烧拨黑白无常的物事，烧拨活人，只有让这个活人难堪。

杨乃武烧草鞋，县官老爷会色格表情？可能脸孔涨成猪肝红，可能乌珠翻白，白多黑少，但杨乃武一时的解气，换来人家的记恨，也是不明智的。

也有人说，烧草鞋送客，是人家造七造八，造出来的一桩事体，没格回事体。杨乃武和刘大人，互相看不顺眼，杨乃武中了举，没去县衙感谢刘大人，刘大人也不当杨乃武一回事体，没到杨家贺喜。两个人，互相不耳。所以，要记牢的话语，是格句：冤家宜解不宜结。有冤家，要早日消冤，有跟人系牢格死结头，豪燥解开为妙。

五伯伯评：人要做忌

杨乃武来东吃官司前头，人家已经对他喊喊戳戳。人怕出名猪怕壮，枪打出头鸟，人红是非多，格几句话用了杨乃武身上，一点不假。

杨乃武的邻舍说他"长笼面孔，五官端正，长得秀气，不苟言笑"，本是才子一个。他屋里厢房屋宽敞，有房子可供出租，所以就拨房子租拨了镇上一对新婚夫妻。新娘子叫小白菜，新郎倌叫葛品连。新娘子小白菜生得漂亮，嫁格老公，是个磨豆腐的，人家左看看，右看看，总是不太相配。小白菜因为常穿一件绿衣裳，系条白围裙，远远望过去，好比一株水灵灵的白菜，所以人称"小白菜"。小白菜站勒杨乃武身边，大家看看蛮登对，小白菜站勒葛品连旁边，大家看看，看不出什格味道。杨乃武作为房东，同桌教小白菜读书，同桌跟小白菜吃饭，没有避讳，没有做忌，辰光一长，闲话就来的，啥格"羊（杨）吃白菜"有人传得津津有味。茶余饭后，总有格套人，嚼舌头越嚼越上瘾。

杨乃武做房东，小白菜做房客，都是一段时间的事体，要不是小白菜老公后来三不知间，突然死掉，大家传的闲话，也就是空佬佬的大头天话，说过忘记，吃过肚饥，没人当回事体。但小白菜老公一死，格套兜来绑去[4]的闲话，就成了一道道绳索儿，就会绕牢当事人，当事人自然会吃着分量。小白菜老公死得快，死得急，死之前，小白菜又为他灌过汤药，药里厢有党参，有红花，多疑的人望过去，像煞是潘金莲设计谋害武大郎，拨老公灌药毒煞。

官府得到葛品连老娘报案，当忙拨小白菜捉了去，一吓两吓，小嫂儿经不起吓，随口乱咬，咬出了杨乃武送她砒霜，唆使她毒煞老公格事体。杨乃武恐怕做梦都想不着，因为他从前兹的不做忌，县官老爷抓牢正好飞来的把柄，要一步步置他于死地。

为啥杨乃武小白菜，来东一道不做忌？我想想原因，无非是杨乃武是一个名士：名士嘛，有点儿文才，就喜欢琴棋书画，红颜相伴，红袖添香夜读书，格是头等境界。若做不到格一点，格么有个美女做做弟子，两人说说笑笑，多少味道？但你的暇意，弄得另外男人家比较失落。他们可能会当面撸你顺毛，说你收女弟子，教人识字读书，是积功德，但是勒哈你触霉头格辰光，他们就会来戳壁脚[5]了，说你有趣嗒煞，去孵人家小嫂儿。格桩事体提醒我们，平时我们要积点儿口德，不好随随便便，嗒咄[6]人家，多种花，少栽刺，不说人破话，等于来东为自己修功德。

五伯伯评：斛道

杨乃武格只案子最后能够翻过来，是他格阿姐杨菊珍牙齿咬急，进京控告，帮阿弟咸鱼翻身免掉死罪，功劳不小。但是他格翻案，不是靠一个人翻棉花胎一样，能够轻轻松松翻得转的，他平时斛的一位道伴，来东要紧关头帮了他的忙。格位朋友，叫吴以同，是杭州城富商胡雪岩府上的教书先生。胡大官人，是杭州城里商人当中一只鼎，胡雪岩请来的先生，当然是肚皮里墨水灌饱，四书五经背得来滚瓜烂熟的。吴以同跟杨乃武，两人斛道辰光长了，对方啥格脾气性格，摸得来煞煞灵清，哪些事体会做，哪些事体不会做，手指头掐掐，就掐得出来。杨乃武会买砒霜拨一个女的，让她去毒杀亲夫吗？吴以同拷煞不相信。杨乃武吃冤枉，他吃不落、睏不熟，为了朋友的命运，他担足心事。为了朋友，他去求他东家胡雪岩，请胡雪岩伸伸手，用点力道，帮杨乃武扳转格只案子。

胡雪岩应落吴以同，答应管管格桩事体。胡雪岩的性格，要么不应人家，要应，就实实在在去做。但是，实实在在，不等于直角笼统。按照吴以同的想法，胡雪岩跟当朝大臣左宗棠是铁杆兄弟，只要胡先生拜托一下左大人，让左大人出面关照，格只案子，就能够顺利翻身。不对，不对，不对！要照他格套想法，胡雪岩就书生气的，因为左宗棠格张牌儿，不是随随便便好打的。官场高头，各式各样忌讳，不得不防，我们邻舍之间有人打场架儿，弄个老娘舅来拆拆劝，事体说过去就过去。官场跟商场，好比走棋子一样，一着不慎，全盘输光。胡雪岩用了远荡转的法儿，动用另外一条线路，去救杨乃武。他托的人，是翰林院编修夏同善。胡雪岩寻夏同善帮忙，有三则考虑：一则，夏同善来东朝中有人望，人脉广，说话有人听，是"实力派"；二则，夏同善塘栖人，跟杨乃武是同乡，亲帮亲，邻帮邻，本是同乡三分亲，请夏同善帮忙，喉咙叫得响，道理说得通，更何况杨乃武本来就冤；三则，夏同善跟胡雪岩的生意，没有半点儿绲葛，浑身浑脑不搭界，帮忙归帮忙，生意归生意，不因帮人家的忙，牵自家的头皮，蚀耗自己生意，格就是胡大官人的高明。

　　胡雪岩帮忙、托人，要动用面子、疏通关系，要动用银子。光是嘴巴说说好听，不是胡雪岩，"日里说到夜里——菩萨来东庙里"，不是胡雪岩。杨菊珍横下一条心，要为阿弟上京控告，胡雪岩木佬感动。他请杨阿姐进府，好言好语安慰之外，还真金白银送上前——银票一张三百两，现银二百两。杨菊珍接到真金白银，千恩万谢，说："大恩大德，此生难报！"对胡雪岩来说，出格点铜钿银子，真好比黄牛身上一根毛。但多少人铜钿再多，一个铜钿一个命，牢牢金箍手，袜儿当枕头，人家求到他，他是一个铜板都不肯跌落。还有的人，话语蛮好听，棺材毛竹钉，只会说好话哄哄人，要他帮忙，他乌龟一样，拨头缩进。格套人，我们见到的，还会少么？回转来，我们还是说掰道，杨乃武掰了个朋友叫吴以同，他肯扑出性命，扑心扑肝来帮朋友，要紧关头，不烤潮烟，格是杨乃武的福气。如果掰道掰的不到门，只是掰些酒肉朋友呢？可想而知，吃老酒吃肉格辰光，他们"蚂蚁嗡鳌头"，一哄而上；要做事体，请他们帮忙的，他们撑撑屁股，全部逃得滑汏精光，可能连杆洋枪都打不着！当然喽，话语两头讲，即使酒肉朋友良心发现，也想来出点力，帮个忙，他们又用啥西来帮呢？帮人靠实力，不靠蛮力。一个人两只肩膀扛了个头，说法儿精通，米髦精空，真当要出手，也只有赤膊擂空拳，猢狲越把戏，是八十岁老公公挑担子——心有余而力不足。

我说的,是辫道的要紧!辫好道,辫正道,要紧关头,能救你一命呐!

【三句不离"本杭"】

犯忌:触犯忌讳,叫犯忌。

小孩犯忌、言语冲犯,可用"童言无忌"一笑了之,但杨乃武以下犯上,好比"老虎头上拔毛",后患无穷。这一种怕触犯忌讳的意识,深入人心。打个比方,杭州人有八个字,挂在嘴边,一般情况下连用:"活得要崴,死得要快。"这是杭州人的生死观:活的时候,健健康康、鲜龙活跳;告别人世的时候,爽爽快快、不拖泥带水。若半死不活,就会拖累儿女,拖垮家庭,所以要死得快。这句话,是得到普遍认同的。但是,若当着一个风烛残年的老者,原封不动,全句说出,那是犯忌的,那等于在咒他快死。这句话由他本人说,大家会认为那是调侃,会认为说者通达,生性乐观,可是由旁人——特别是晚辈来发这样的感慨,明显缺乏对长辈的尊敬,是尤为犯忌的。

清朝的官员,相当有地位,质疑他们的工作,一时投诉无门,只有暂时咽下一口气,退后一步,寻求转机,正所谓"事缓则圆"。杨乃武到县衙贴对子,事出有因,但正面冲撞,驳了官府的面子,显得偏激。这,就是犯忌。杨乃武后来吃官司,差些送命,都有这些前因作为铺垫。若他不是"石板高头掼乌龟——硬碰硬",而是和县太爷相逢一笑,后面的事,可能大不一样。

对犯忌之事保持敏感,是杭州人闯荡江湖的法宝。

做忌:做忌是避免做犯忌之事,风平浪静时,也有规矩意识。不该碰的东西，不碰；不该做的事，不做。

杭州人大年初一忌讳扫地，因为地上灰尘往外一扫，好比财气扫出，留不住。既然有忌讳，那就不扫。肉店倌叫猪舌头"门腔"，因为"蚀头"与"舌头"同音，为了求个吉利，"舌头"能不说就不说。做忌，就是看到有忌讳之事，晓得多当心，提前绕开，谨防触雷。做忌，是要特别注意的，思想不麻痹，状态不放松，心理上就会筑牢防线。

掰道：掰的原意，是两手合抱，引申为结交朋友。

在杭州市民层中，一般认为"掰道"的好坏，会影响孩子的成长：掰好道不能保证你"拔尖"，成为人中龙凤，但至少能"保底"，不让你到外头闯祸、淘气。"保底"就是保牢做人的底线：不偷不抢，不诈不骗，不抽烟、酗酒、滥赌。学好三年，学坏三天。鱼掰鱼，虾掰虾，乌龟掰王八。掰道伴，交朋友，这种身边人的影响力，杭州人是充分估计的，甚至不惜估计过高。因为看重这份没有血缘关系，一片赤诚的情义，衍生出杭州人的一个优良品质：帮理不帮亲。

当然喽，掰道，也能成为某些人的借口和理由。明明是自身原因，比如孩子贪玩调皮，闯了祸，有些家长也以掰道来寻求开脱、寻找借口："格伢儿,掰道掰坏的！"这，也是需要警惕的。

掰道，其实掰的都是做人的道理呀！

词语注释：

（1）捩儿（lie er）：理发梳子
（2）夕（xie）：差
（3）没数没章（me su me zang）：糊里糊涂，麻木不仁
（4）兜来绑去（dei lai bang qi）：胡扯、瞎扯
（5）戳壁脚（co bie jie）：搬弄是非，说人坏话
（6）喏咄（ro do）：责备，数落

第八章　茶馆来了"吃讲茶"

　　林四娘的"壶笑天"茶楼，格天来了节生意——运河边大户人家尤家，明朝要到茶楼来"吃讲茶"，请林四娘早做准备。与其说他们是来有商有量，请四娘他们辟好场地，不如说他们是来硬性指定的，管你认还是不认，反正他们明早要来。

　　"吃讲茶"可以事先不打招呼，直接就来。两方有纠纷者，直接拉一中人，到茶馆里开讲；而尤家嘛，毕竟有身份、有地位，先请管家来开个路，也是情理之中。尤家来了三个人，管家斯先生，摘落呢帽，用手指头儿梳一梳稀疏的头发，显得蛮斯文，不过，有的晓得底细之人，背地里称他"话语蛮好听，棺材毛竹钉"。也就是他有"说说一套，做做一套"的习性。他的两个随从，一个是络腮胡，身板大海海，另一个颧骨凸出，身子瘦精精。"无事不登三宝殿"，他们上门，三言两语，就道清原委：是尤家两兄弟闹着分家产，一时分不匀，尤老爷身体不佳，有点僵抖抖，管不了他们嘎许多，所以他们老大老二索性到"壶笑天"，来吃一回"讲茶"，央请德高望重的五伯伯，做一个中人，主持格场和事佬调解。

格场"吃讲茶",来得有点不是时光,因为听说官府要颁布命令,禁止茶馆再吃讲茶。因为吃讲茶时常闹出些打架儿的斗殴纠纷,杯儿碟儿,满场乱飞,两方人士,大打出手,弄得不可开交。格辰光,如果闹出什格事体,弄得官府味道蛮淡,他们要来追究责任,茶馆不是要挑肩胛[1]么?

四娘有疑虑,要打呆鼓儿,斯先生却不当回事体,他笑笑说:"明朝格场茶,我们尤家保证不让你们店家蚀本。来!"他从竹布长衫的袖子管里,抖出三块银元,"咣啷"。揿了茶馆桌上。同时,他笑眯眯说:"四娘啊,听佛法饿死,听王法打死。你要担心官府,人家官府也会卖我们尤家三分薄面。我家老爷,没为地方少做事体,再说尤家愿意勒哈你格里讲茶,也是拨你们茶馆当回事体,你就覅推三阻四了!明朝少不了你们一顿操劳,格三块银元,就算拨你们的一点点补偿。"

斯先生三人,不待四娘应允,抬脚迈过茶馆门槛,扬长而去。

林四娘:"唉,本来一爿小小茶馆,螺蛳壳里做道场,格卯要来一大帮子人,弄了不好,还会火烛嘟当弄出事体,真当有点儿拗滋搭味。"

苦根说:"格帮户头,真当是海马屁打混仗,他们说啥就是啥,真当我们好吃果子?不过四娘,既然人家把铜钿送上门来,我们不要白不要。要有官家来寻我们事儿,格副板子,也应该拷了尤家人的屁股上,不该拷了我们身上!有五伯伯为格盏"讲茶"拘舵,我们慌啥西?"

汪先生说:"老话讲,杀头生意有人做,蚀本生意无人问。格一顿讲茶，哪里谈得上要杀头，要坐牢呢？还是我们苦根，表面上喳落皇天，实际上看相铜钿，趁钱烦难，落袋为安啊！"

贾先生说："看看你们，'一箩筐咸鲞都是个头——人多主意多'。你们不能'肉骨头打鼓——昏（荤）咚咚'。我们先要寻那个已经套上箍儿的人——五伯伯！人家既然让他做讲茶的中人，想必已经拨他打过招呼，跟他通了气，他今朝倒不出现了。你们马上去寻一寻，寻到他，让他就明朝的事体，先来商谈商谈，布置布置。"

"你说我吧，坐格里拨人写写家书，要功名没功名，要利禄没利禄，穷秀才一个，但烦恼也不多呀，没那些糟心的事体来找我。老五呢？格五伯伯，主持吃讲茶，当个老娘舅，已经是隔勒窗户吹喇叭——名声在外。名声大，事体就多，是非也就来的，处理勒好，添一声彩，处理勒糟，就吃一回瘪。能人多吃苦，强者多操劳，懒人有懒福，烂泥菩萨住大屋啦。"

真是"说曹操，曹操到"，茶馆中人等来了他们希望出现的人——五伯伯，但林四娘是沉得牢气的老板娘，居然口风蛮紧，一个字儿都不问五伯伯有关明朝的事体。茶馆里的茶客，一个个都来看着她，抹桌儿，掇凳儿，放盏儿，拎壶儿，直到一盅茶，为五伯伯倒上。五伯伯笃悠悠，耐拖拖吃上，四娘为他放上一碟瓜子，摆上方糕、椒桃片、绿豆糕、麻酥糖，四娘仿佛用四个点心小碟，向他四连问，问他明朝的打算。而五伯呢？当然是"瞎子吃馄饨——肚里有数"。

五伯伯江湖中人，读懂旁边茶客向他投来的目光，笑笑说："四娘，尤家的人来过了，事体你也晓得了，反正我拨你一句话语：他们不是来拆空的，我也不会拨你打滑涎，我主持公道，做事不会太豁边。"

五伯伯自己来说了格桩事体，四娘蛮高兴。他自己说，跟另外人问过他，他再说，情形大不一样。自己说，因为是搁着胸有成竹，对事体走向，有了三分三的判断，所以，四娘更加放心。但她担心的事体，她还是直话直说，和盘托出："我就怕格次讲茶，讲得不好，就像前面弯口一家茶馆，两兄弟闹分家，讲茶吃得七荤八素，两兄弟撕破脸皮，碗盏乱揉乱掼，杯儿壶儿彻天飞，格就出洋相的！"

五伯伯笑眯眯吃了口茶，问四娘："格你说说看，有啥好的办法没有，让大家都只谈事体，不伤和气呢？"四娘说双方来人，各有各的气场，各有各的威风，一言不合，擦枪走火，就要吵架，揉东西，所以有人能镇场子，就能安耽。照理来说，徐师傅会沾衣十八跌，镇场子最适合，但他昨日子去了塘栖，去看望他的老娘，四娘想到一个人，就是长根。

长根是苦根的拜把兄弟，但是后来，因为兄弟不和，跟苦根已经不来往的。趁这个机会，拨长根请来把把风，也让兄弟讲个和，"烧香看和尚——一带两便"，多少好？五伯伯说："最好么，苦根自己去一趟，请他拜把哥哥来，但苦根不一定放得落格张脸，格么，我去一趟吧！反正我跟长根从前认识，看他卖不卖我格张老脸喽。"

汪先生说五伯伯："我是佩服老五的。人家都说多管闲事多吃屁，少管闲事少淘气。他是为了格爿茶馆，背下了木梢，我佩服！不过要我说，要请长根来，苦根还是自己跑一趟好！自家兄弟有啥事体，该自己去解决，旁人最多做个中人。不是说'胳膊朝里弯，拳头打出外'么？自己人总该帮衬自己人，老五要去塘栖，是锅子里不滚，汤罐里乱滚。苦根，碰着事体，你要做缩头乌龟，还是要站出来！"

贾秀才说："塘栖茶馆，我也常去孵孵[2]，长根在那里，我也见过的，他格脾气，我也多少晓得一些。你们谈的，都是细枝末节喽，兄弟讲和是个关键。我看，要不我动动笔，为你们修书一封？'千里修书只为墙，让它三尺又何妨？万里长城今犹在，只是不见秦始皇'。你们听听，大学士为了处理家人邻里纠纷，只需修书一封，短短廿八个字，马到成功。家人邻舍是为了三尺地界，吵吵闹闹，一个想多得三尺，另一个也想多得三尺，你不让我，我不让你，大学士劝家里人想开点儿，为了个小小三尺地界又吵又闹，犯不着。多了三尺又接格套？少三尺又接格套？都是身外之物，何必帐子脸孔放放落？所以鄙人为长根兄弟修书一封，劝劝他，让他回头，他再是铁石心肠的人，再是藤头，也会回心转意，受人之劝的！"

林四娘说："贾先生，谢谢你一番好意，长根也不大识字的，你写信拨他，他还要求人去读，我看算了吧！等他多识几个字儿，你再拨他写信吧。谢谢，不麻烦。还是让五伯伯带小杭跑一趟算了！"

听说要坐船去塘栖，小杭当然拍手叫好，说："要去，要去，我也要去塘栖！"

贾先生说："读万卷书，不如行万里路，行万里路，不如高人指路！小杭要去塘栖走一走，看一看，老五应该带他去。我看呀，要么叫小杭拜老五做干爹，要么拜老五做师父，一日为师，终身为父，格套么也有个名分。都说跟牢巫婆跳大神，跟牢好人做好人。小杭要是甘坐冷板凳，跟牢我练字儿，将来应该也有一碗苦饭吃。但我看小杭是麻油屁股，不太坐得牢，总归兹还是要正经学点生意，学点江湖道儿，才兹能勒哈江湖立足！"

【三句不离"本杭"】

螺蛳壳里做道场：钱塘江上，浪急风高；钱塘江边，螺蛳壳成堆。因为钱塘江边的山间溪沟中盛产螺蛳，渔民吃过的空壳，或死去的螺蛳，天长日久堆于江边，成为江滩一景。在杭州萧山跨湖桥遗址，就发现了尾部砸孔洞的螺蛳壳，估计是古人吸食螺蛳所留下。

渔民在江上讨生活十分不易，倘若翻船亡命，亲戚朋友便要在江边为亡灵做道场，以求超度。江边密密麻麻的螺蛳壳形似小山，道场就设在螺蛳壳上。这江边一景众口相传，后来演变成"螺蛳壳里做道场"，形容场地十分狭小。螺蛳壳，那真是方寸之地！如果要形容一块地方极大极大，大得惊人，那就可说："格里大得好跑马儿了！"

火烛啷当：火烛啷当用以形容危险。杭州早年木板房成群连片，若一旦失火，火烧连营，波及面极广、受损者众多，所以杭州对火险日防夜防，心存忌讳，对洋火、香烛之类容易失火的东西，格外当心。如果火烛晃里晃荡，摇摇欲坠，那危险性不言而喻。同时，火烛啷当可以引申为形容人的性格毛里毛躁、不稳重，容易引发事端。

如果要形容一件事完全不必担心，则可用这句话："你只管朝里睏好嘞！"床上睡觉，面壁称朝里，背墙称朝外，背墙朝外。一呼即起，马上可以奔走；而面墙朝里睡，一副万事不关心的态势，可以用来形容人的"无事一身轻"。

海马屁打混仗：清朝官服又称为补服，补服上的补子图案，对应着官员不同的等级。海马图案的补子，缀在九品武官的官服上。九品武官，官阶虽低，但那补子图案上的海马，煞是威风。它跃动在千顷碧波之上，可驰骋疆场，可踏平波浪，进可攻，退可守，只是官儿小、职位低，能起的作用相对有限。若此时装腔作势、指手画脚大发议论，那有多少人会买账呢？他们自以为是的一串串发言，不就像海马放出的一串串响屁，即使连环震天，也只是自得其乐罢了。

跟"海马屁打混仗"相反的，就是识相，就是出门看天色，进门看脸色，识得自己的斤两，晓得说话的分寸，不说过头话，不做过头事，话说得恰到好处，那才叫识相。

抲舵：即舵手，也是头领的别称，大到一个国家，小到一户人家，都要有头头，有抲舵之人，他们将把握航向，锁定方向。五伯伯为吃讲茶"抲舵"，指的是五伯伯在吃讲茶时当主持人，居中调解、把握方向，也是一种抲舵。

与"抲舵"相反的，是"放湖灯灯"。如果说"抲舵"是凡事求一个方向感，求稳、求准星，那么"放湖灯灯"则是放任自流，不加约束，做事没章法、没规矩。放湖灯，原是中元节的杭人习俗，就是在七月十五"鬼节"那天，杭人会到湖边、河边等水边放点亮的荷花灯。民间风俗认为这个节日，鬼魂放假，施放湖灯，可以为亡魂照路；有些病愈之人，为了驱赶病魔，也可以放湖灯，让病疫随灯盏一道，漂流远方。所以，人们放出的湖灯，是不宜回收的。湖灯只有去路，没有回路，漂向何方不清楚，漂流多久没头绪，反正灯自漂流水自流，哪管到东或到西。放湖灯灯，用来形容过于自由的状态，这种状态，杭州人并不欣赏。由此延伸，据说市民互相送灯，也是一种忌讳，直到近代，这一忌讳才渐渐淡化，消散于无形。

喳落皇天：与喳落皇天同样意思的，还有极叫皇天，都是形容声音极响，近乎狂呼乱喊。小儿受大人责骂殴打，打到皮开肉绽，剧痛难耐，可以说是喳落皇天。现在这个词儿更多是声音狂乱的代称，像苦根喳落皇天，是指他虚张声势，咋咋呼呼。

与喳落皇天相对的，是"闷声不响"。闷声不响，可以引出两种极端情境：一是闷声发大财，因为有实力、有本事的人，都喜欢遵守古训，"财不露白"，低调行事，闷声不响，行稳致远。还有一种是心怀鬼胎者，闷声不响，肚皮里做文章。这种人丑行败露，也会得个评价："闷声不响是个贼。"

套箍儿，指碰上了难缠的事，难以着手处置，又难以摆脱。《西游记》当中，如来佛手中有金箍圈、紧箍圈、禁箍圈，这三只箍儿，随便哪一个给套上，任他法力再大，都够喝一壶的！比如孙悟空，戴上了紧箍圈，只要唐僧一念咒，他马上就头痛欲裂。一件事若处理起来十分辣手，这样不行，那样不行，想了无数办法，还是让人头疼，这样的事，好比给人套上了一个紧箍圈。套箍儿，就这样让人犹如跌进苦海，只有使出浑身解数，方能求得摆脱。

《西游记》当中，箍儿意味修炼心性，降伏心魔，别有一功，在杭州方言里，主要取其苦苦挣扎，难以解脱的用意。

套箍儿还有另一种用法，即主动作为，预设阴谋，挖个陷阱让人来踩，造个箍儿让人来钻，让人猝不及防，上当受骗。这是比较邪门的做法。比如《水浒传》中，林冲误闯白虎堂，就是高太尉设计做好"箍儿"，使其"手执利刃，私闯节堂"，"箍儿"套牢林冲，使他发配沧州。

对付"套箍儿",也有两个招数。一个是迎难而上,你有张良计,我有过墙梯,箍儿再紧,终有破解之法。只要耐心寻找,终能搞定摆平,让箍儿破裂落地,难题迎刃而解。这当然要花些工夫,用些脑筋,伤些脑细胞。

另有一招对付"套箍儿",就是巧妙地"脱出",使箍儿不再束缚自己,也就是把球踢给别人,把轻松留给自己,从难堪的境地中顺利逃脱。

以五伯伯为例,如果他认为这一场"讲茶"实在太过辣手,将使自己左右不讨好,吃两面巴掌,甚至要吃官司、出人命,他就会寻求他法,比如把做中间人、老娘舅的这副担子,让与别人来挑,这就巧妙脱出,摆脱了箍儿。

背木梢:误接了困难多的事体,没有顾及自己的能力,着手处理起来,比较辣手,这叫"背木梢"。

背木梢的,往往是个热心肠,为了朋友亲人,不说两肋插刀,至少是不计成本,甚至是不计后果的。他们的搭手帮忙,有时要倒贴成本,甚至要吃大亏。木梢背到后来,常常是"落雨天背稻草,越背越重"。

与背木梢相对,处理事体若轻松、方便,不费吹灰之力,则可用"喷喷松"来形容,相当于粤语中的"湿湿碎"。喷喷松,也可形容一样东西蓬松的程度,比如一床棉被蓬松、柔软,也可用"喷喷松"来表达。这"喷喷"二字,既像喷出一口气那样,喷得便捷随意,也有一种欣欣然的轻快,含有一种掩饰不住、压抑不了的喜悦之情。

锅子里不滚,汤罐里乱滚:事件发生时,当事人自己不去处置,局外人格外着急,又拿主意又想办法,忧心忡忡，显得主次颠倒。

早年杭州人家的柴火灶，不少是双眼灶，打灶时两眼灶孔中间，可再放只汤罐，利用烟囱旁边、灶膛的余热，可以把汤罐中的水烧开。灶头的主角当然是两眼灶上的两口大锅，它们是烧菜做饭的主力军，汤罐只是"敲敲边鼓"的小角色，但因为它小，升温快，它烧水的速度，往往比大锅子快。大锅里的东西没有烧开，汤罐已经捷足先登，把水烧开了。这个现象，另有一个说法，即"皇帝不急，急煞太监"，带有微微的嘲讽。这是在奉劝某些人，别为自己不该操心的事过于投入，心肠热过头。您呀，就甭"咸吃萝卜淡操心"了，说的也是这个道理。

缩头乌龟：遇事畏缩，不敢表态，不敢正面应对，只管消极躲避，称之为"缩头乌龟"。乌龟缩头，视而不见，往往是出于两种心态：要么是无力面对，因为能力不足，碰到复杂的事，不知如何应对；要么是不想面对，眼不见心不烦，多一事不如少一事。

和"缩头乌龟"相反的，是"出头椽子"，椽子本意是指房屋的构件，形容一事当前，挺身而出，敢于正面应对的人，也指带头人。缩头乌龟消极自保，自求多福，自求平安，而出头椽子冲在前，没有老辣的处事手腕，岂能将事摆平、将人说服？出头椽子易遭人算计，受到冲击，所谓"出头椽子先烂"。

放落帐子脸孔：帐子，说收就收起，说放就放下，收放都相当方便。但人的脸若像帐子，说放就放，那是"翻脸比翻书都快"，脸色变坏，脾气变差，情绪爆炸，没有过渡没有缓冲，让人猝不及防，难以接受。

与"帐子脸孔"相反，叫"撸顺毛"，就是尽量不冲犯别人，顺着对方的意思，迎合对方的意图，尽量说些让对方高兴的奉承话、开心话，这叫"撸顺毛"。一般地说，敢于放帐子脸孔的对象，以平辈和下级为多，因为放的人，需要有一定的"本钱"，对上级，很少人敢这么随心所欲乱放。

"撸顺毛"的对象，则以上级为多，因为"撸倒毛"说真话，会让对方不高兴，对方一发脾气，自己就会吃瘪，只有"撸顺毛"奉承才能求得对方欢心，一个愿撸，一个享受，那才有"撸顺毛"这一幕。

藤头：藤条硬，不怕撕拉跌打、挫伤针扎，本性不移，说人藤头，指其性格顽固、不易改变主张。与藤头相反的，就是"耳朵软"，立场不稳，容易受他人的意见所左右。

麻油屁股：古语称"站如松，坐如钟，行如风，卧如弓"，一动一静，皆有标准姿势。坐姿像钟，稳定而沉着，不能随意摇晃，但麻油屁股往往与古训相反。麻油用芝麻酿造，本性润滑，沾过麻油的屁股岂能坐稳凳子？凳子坐不稳，心终究静不下来；心静不下来，捧着的书也看不下去；书看不下去，学习只能一败涂地。屁股在杭州话里，不仅是臀部的称呼，也代指一个人静坐的功夫——板凳甘坐十年冷，屁股粘得牢板凳，往往学习出色，有书心，是喝墨水的可造之才，须多培养。屁股坐不住，静不下心，没有修炼出排除杂念的静功，学习上一般难有成就。

与麻油屁股相似的表述，还有猢狲屁股、尖屁股。猢狲生性调皮，活泼好动，没有静心之功，小孩子若长了猢狲屁股，一张骨牌凳自然坐不了三分钟。尖屁股也是同样道理，屁股成为尖锥体，凳子上放不稳、搁不牢，形容此人无法安坐，无法安心学习。

那么，和麻油屁股相反的赖屁股呢？赖屁股，并不是一个好词儿。赖屁股，不是指善于静坐学习者，而是指那些没有眼色的客人——赖在主人凳子上，窝在主人沙发上，久坐不走，忘记离去。和人交往，最讲一个分寸，也讲一个得体。到人家里做客，喝茶、吃饭、谈天、闲聊，都能增进感情，其乐融融。饭后小坐，客人想要告辞，主人一般会挽留几句。主宾如果关系铁，感情深，多聊两个钟头，也无所谓；若二人关系一般，主人哈欠连天，只盼客人早走，客人却不知趣，只管坐在那里高谈阔论，这，就是惹人讨厌的"赖屁股"。

词语注释：

（1）挑肩胛（tiao jie ge）：担当
（2）孵孵（bu bu）：待在某地

第九章　小杭没见掉

五伯伯想不到,他带小杭去塘栖,会拨小杭弄得来没见掉。

没见掉,就是失踪、消失、找不到、寻不着,没见的没,跟没收的没,杭州话里是同一个发音。他们两人到塘栖,一塌刮子就走了格点儿地方:先去长根屋里厢,没寻着长根。再去新开的"朱一堂"买糕点,看到那个长根,长根看到他们,拼命格逃;他们看到长根,拼命格追;追牢之后,长根不愿意跟他们去杭州,他们也就拉倒算数,准备上茶馆店里坐格坐,马上回杭州。啮啮交,格辰光碰着了徐黑方,徐师傅来东塘栖看望他们娘。徐黑方说:"长根此人已废,为人靠不牢,去寻他也是燥寻,没用场的。既然'壶笑天'茶馆有事,需要有人助阵,我愿意提前一天,回转杭州帮忙。"五伯伯听了,大叫:"好好好!你如果旁边隑来东[1],好像一个门神笃来东,想要兴风作浪的黑鳢头,要么掉头,要么佝拢!"老徐也"嘿嘿嘿"笑起来,说:"既然你说到黑鳢头,格么中午我们就敲瓦爿儿,吃黑鳢头去,接格套?"五伯伯一只手举起来,啪一记,敲响徐师傅格肩膀:"敲啥格瓦爿儿,敲你一记肩膀就当敲定:中午我请你吃一根黑鳢头,二两猪头肉,黑鳢头水里游,猪头肉地高头跑,再来一壶老酒咪两口,回去好好交睏一觉,明朝我们一道对付格顿讲茶,接格套?就嘎定的!"

两位谈得来蛮对胃口,来东茶馆里谈了一歇天,突然想起小杭没有跟上来。来东他们快要进茶馆格辰光,小杭突然说:"五伯伯,你们先进去,我歇歇就来!"五伯伯只当他晚点儿过来,没想到格小杭,一直不来。徐师傅当小喜尸[2]调排老头儿,特为寻他们开心,但后来五伯伯搁着不对:"小鬼头从来不寻格套开心!我们知根知底,格套游戏一点儿不发靥,他不欢喜搞,我也不欢喜。"徐黑方听五伯伯嘎套说,有点儿紧张起来,连忙跟他一道去寻小杭,啥格黑鳢头、猪头肉,一点儿没心思吃的。

五伯伯带小杭来东塘栖走过的地方,一只手数得转来。

他们坐船从拱宸桥出发,到了塘栖,上了岸,马上去寻长根。长根屋里门口头,有只卖羊肉的摊儿,一口大锅子,正来东"咕嘟咕嘟"熬羊肉。看摊儿的,是个扎了蓝头巾的,脸孔黑黢黢格女人家。五伯伯招呼她:"长根嫂,你们老公呢?"长根嫂头也不抬,只管来东砧板高头切羊肉,她说:"你们莫非得不晓得,四只脚格好管,两只脚格难管,我接格晓得他来东哪里?你们要是能够帮我寻他回来,我就请你们吃羊肉,香喷喷格羊肉。但如果你们是来讨债的,我告诉你们,我一个铜板都不会掰出。"

长根嫂说好管格四只脚,是指牛、马、羊、驴,四只脚的畜牲,管它们有牛栏、马厩、羊圈、驴舍,不服管,还好擢鞭子,抽得它们服服帖帖。她说的难管格两只脚,当然不是指鸡勒鸭儿,而是指人。五伯伯之前已经听说过,

[明]冯梦龙《醒世恒言》中的"没巴臂"，田汝成的《西湖游览志余》中说杭人"言人作事无据者曰没巴臂（鼻）"。"没巴臂"这一杭州方言曾频频出现在宋元话本小说中

格个长根不学好，欢喜赌，真当是学好三年，学坏眼前。但长根到底坏到啥程度，是从头顶心坏到脚底板，还是半面乌焦？五伯伯没数章，小杭当然更是头顶了个萝卜，一无所知。如果长根真当一堆烂棉花，做不成一床彻骨拉新的好棉被，格么跟他又有啥好谈（弹）出来呢？算啦！算啦！小杭说："五伯伯，镇上新开一家食品店，叫'朱一堂'，做格东西，糕是糕来饼是饼，我们买点儿回去，拨屋里厢格人吃，好不好？"五伯伯说："好，好，好！"

新开的"朱一堂"，沿街挂了杏黄色旗幡，几十面旗幡，迎风招展，哗啦啦飘。客人从四面八方，向店门口头汇聚，有的是老远八乡得了消息，坐船而来，落了码头，他们直奔此处。门口四个吹鼓手，是店里请来助阵的：吹唢呐的，吹得来巴掌肉儿潜出来，扑噜扑噜地抖；敲鼓的敲得来尤其卖力，好像店里厢糕饼的香气，不是面点师

傅做出来的,而是一阵一阵,由他们鼓手的鼓槌敲打而来的。香气是一种福利,不花一分铜钿,就能让你闻香,让你的鼻头,比舌头早一步享受。"来来来,云片糕味道崭,你们尝一尝。""来来来,甘草梅片没核儿,一家一片,一家一片。"小杭想要带点儿点心回去,拨贾秀才、汪先生、自己阿姐还有苦根,都好好交尝一尝。他有块银元,别勒裤腰带里。他销起了衣裳。他不想买点儿啥西,都要用着五伯伯,但小杭忘记他有把左轮手枪,还别勒裤腰带高头。伢儿的记性总是记牢格样,忘记那样,当他格枪"叭哒"一声,跌落地高头,看到格,注意到格人当中,有人抖了三抖。抖三抖的,不是另外人,就是他们要寻的长根!"长根!"五伯伯脱口一叫,长根乌珠定起,手脚冰溇。因为左轮手枪跌落跟"长根"一声叫,两桩事体前脚后步同时发生——有人叫"长根",地上有把枪,枪要摔起来,当然打长根!它们好比连刀块一样,连了蛮牢的,长根吓得来小心脏"别别"乱跳,耳朵潮红,乌珠滴绿,一蓬乌烟,蓬起勒脑子里厢。长根一个趸转,当忙就逃——条件反射,他以为下一秒要吃着"花生米",不逃?性命交关。看到长根逃,小杭摔了手枪,当忙去追。小杭追,五伯伯当然一道追,追也是一种条件反射,好不容易要寻格人,刚刚来东眼面前,突然又逃之夭夭,五伯伯当然想追上去问问清爽。他们三个人,前一个逃,后两个追,好比来东演一出戏,他们背后,有人来东问老板:"老板,你们比赛跑步,赢了白吃啊?有啥格奖品好领?"

老街石骨铁硬的泥地,因为昨日子落过雨,稍许有点儿滑涂涂,不习惯格人跑起来,有点儿打滑溚,甚至会跌跤儿。长根是格里格人,跑起来像一条泥鳅,而追格两个朋友,一老一小,老的不当心一记滑,小的不当心滑一记;老的一记滑,用手来东地高头撑一把儿,站起来接勒跑;小的滑一记,膝窠头格着地,马上爬起来接勒追。回头想想，跑格萝卜啊，有啥好跑？又不是官兵抓强盗为民除害。五伯伯突然想：何苦呢？空佬佬格，追来追去，为啥西都不晓得！有了不想追格念头，他就开始叫小杭："小杭，小杭——算嘞，好嘞！"三人当中，脚劲最好、后劲最足的，就是小杭。小杭因为年纪小，好奇心重，有一种要追到底弄弄灵清格想法，所以他越追越来劲，越追越亢奋。长根当地人，地方总归兹他熟，他吱溜弯进一条小弄堂，吱溜又弯进一条小弄堂，两记弯落，追兵想追也追不上。但人算不如天算，当五伯伯他们懈落来(3)，长根马上要逃脱格辰光，小弄堂口，突然出现了一只"半夜三更要紧桶"。要紧桶是啥西？就是马桶。人要吃进，也要渣出，要紧桶交关之要紧，但格只要紧桶，摆勒一条横弄堂口头，摆格地方，稍许有点拗滋搭味。它还是做工精巧的上好货色，估计连同姑娘儿陪嫁过来没多少辰光，九成新的酸枝木，拎环是锃亮的黄铜，阳光一打，锃光闪亮。因为要紧桶摆放隐蔽，长根根本煞不牢脚，他飞奔格两只脚，噼里啪啦踢到了桶儿，他整个人，就原个势势腾空的，腾起来格样子，好比一块肉饼儿，他掼落去格样子，好像一只肉粽子。掼翻来东地高头之后，他再也没有劲道爬起来继续跑的。对追踪而来的五伯伯，他顾不得透口气，他鼻青脸肿，居然先来讨饶！格只要紧桶，还好，是汰得清清爽爽晾干的，如果它是满进满出呢？格真当吃不落想！反正气喘吁吁的五伯伯，跟吁吁气喘的小杭追到了长根，长根翻身对五伯伯拱手说："兄弟，兄弟，高抬贵手，格两天银根太紧，铜钿真当还不出，还望你们帮忙帮忙，帮帮忙！我过两天有，马上还！"

但长根马上发现：不对，不对，不对。追他嘎凶格两个人，并不是要取他性命的讨债鬼。其中一个，是长远不见的五伯伯，另外一个，是小佶佶的豆儿鬼。他看看这个，看看那个，一时半刻，不晓得说啥西好。小杭气呼呼指牢他格鼻头，说他："你格长根，你逃啥西！你格把兄弟苦根，格卯来东我们茶馆里厢，他想请你去作客，你跑得嘎快作啥啦？"

五伯伯本想搀他一把，扶他爬起，但看他一副落魄相，好比"油条泡汤——软趴趴"，所以扶他一把的劲道，马上像烟头一样飘散。有道是：冷了风里，穷了债里。原先体格还算壮的长根，格卯因为狂赌，欠了一屁股债，已经人不人，鬼不鬼，只晓得日防夜防，来东防债主！格套人，能自己管牢自己，三餐不饿，衣裳有穿，已经谢天谢地，指望他为茶馆出力？帮帮忙噢！格长根，倒也晓得一点难为情，站起来掸掸衣裳拍拍灰尘，对五伯伯再拱手："五伯伯，长远不见！"神气回转之后，他已经不再一副虫泡相，但马上变了一副赖倒做的样子："五伯伯，我也实话实说，你们要帮苦根来逼债，我打开天窗说亮话，他格十二块大洋，我承认是我搦的，本想一时应应急，后来七转八转忘记了的，再后来，就还不出的！格卯你们用枪打我，我都还不出，你们逼也没用的。"

弄堂石库门，出来了马桶的主人，外头砰砰乓乓的声音惊动了他。外头三个人，格辰光站成一个三角形，他只马桶，礤到了三角形的外围，马子横转，盖儿朝天，正好来东晒太阳。他弯腰拎起马桶，嘴巴里咕噜噜，说了句啥西，乌珠朝三个人汪格汪，回转自家石库门，砰一声，拨门关上，门环呛啷啷啷，一泡子乱响。五伯伯看到眼前的长根，真当促气相，他只想马上离开。他对小杭说："走，我们走！"苦根、长根，格两人有啥过节，为啥后来苦根不寻长根，长根不寻苦根，今朝总算真相大白，一块老疤儿彻底销开。五伯伯领小杭离开格辰光，长根来东他们身后尖了喉咙叫："你们回去告诉苦根，我有进账马上会还拨他，放心！我格人蛮钉板的，我说话算话，不会说过推过，我从来不是格套人！"他汪啷汪啷，叫了蛮起劲，五伯伯只当他痨病发。

两人走了一段路，五伯伯想带小杭去茶馆里坐格坐，五伯伯说有间茶馆老板，是他老朋友，他想去会一会。徐黑方徐师傅，勒哈格辰光出现，五伯伯跟徐黑方，对课对一歇，说过了中午吃黑鳢头、猪头肉格事体，前头看见茶馆格辰光，小杭提出："五伯伯，你们先进去，我歇歇就来。"就是格辰光，小杭没见掉。

寻没见的人，不是要从他没见的地方，开始寻起吗？原路寻回去，五伯伯跟老徐，寻到一只炸臭豆腐的摊儿，那个炸臭豆腐的大妈，居然记得小杭："有喔，有喔，有什格个小鬼！他过来买串臭豆腐吃吃，涂了辣酱，涂甜酱，涂了甜酱，又涂辣酱，我说要什格套涂落去，我两罐儿酱都归你的。他说我饿的，我吃过再来买，买拨两位大伯吃。两位大伯，就是你们喽？"

但格小鬼，买过第一串，就再也没来过。五伯伯跟老徐，大眼瞪小眼，真当想不出小杭手捏一串臭豆腐，能够躲到哪里去？从臭豆腐摊儿到前头格茶馆，一炮仗路，短短一截，小鬼能躲到哪里去呢？看摊儿后头，是一段青石板铺的小弄堂。说小弄堂，也不是蛮准，实际是通河埠头的一截小路，凹了一凹而已，通向一只单落水的河埠头。五伯伯问卖臭豆腐的大妈："小鬼后来朝格里走进去过？"大妈点头又摇头，不大吃得准："我来东对付做生意，说不准！"五伯伯观察了一下格段河埠，它临一条小河港，前面出口，就是运河。河埠头几级石板，都有点儿松动，河埠石上凿的孔洞，有拳头大小，大船小船，都能穿缆绳进去系牢。河埠石常年受船只牵拉，好像一副牙口老是啃骨头、啃山核桃，到后来晃几晃几，牙齿松动，牙床不牢。徐黑方站勒松动的河埠石上，双手叉腰，脚底板晃格晃，摇格摇，摇摇摇出一个念头："老五,小鬼会不会臭豆腐吃吃,人捏促,不当心滑进水里?"小杭落水?格说法让五伯伯一颗心尖格尖,但他马上摇头:"不可能,不可能!你要晓得,小鬼的水性木佬好,至少跌到水里,渥不煞。格套可能,没的!""格他莫非,插上翼翅膀飞了?"小河港的水面,一棱一棱波纹,荡过来荡过去,又一个念头跳出来,徐黑方说:"小鬼会不会跳上哪只船,跟船走了?要是跳上船,格是再接格都寻不到他格人影儿的,但让人想不通的,躲猫猫果儿没格套躲法,他要什格弄,下回哪个吃得落再带他耍子儿?"五伯伯还是摇头:"不对,不对,不对!他不可能寻开心寻到格份高头。他皮归皮,分寸还是有的,事体还算懂的,我们来回再寻格两埭,再问问看,好不好?"徐黑方当然说好。从埠头石上岸格辰光,他们看到,一条刨螺蛳船,从他们眼前开过,一个瘦精精的中年人,嘴巴里厢嘟噜嘟噜烦:"小六子,小六子,你要听话……"一听就是苏北口音,但摇船的,就他一个人,不晓得他格话语,是说拨哪个听。

如果没有小杭没见,五伯伯他们说不定酒足饭饱之后,会再留勒镇上耍子一歇——要看桥,格里有三十六爿半桥,要走弄堂,格里有七十二条半弄堂。本来锣鼓敲响会吊他们格胃口,老话讲"锣鼓响,脚底痒",有街路表演,总归要去开开眼。今朝镇上没有猢狲要把戏,如果披上红披风,头戴将军帽,猢狲精看上去倒也煞有介事。不过,今朝有个"三丈吊",倒是拨人看得汗毛凛凛的,因为一支三丈高的竹竿顶端,一个七八岁的姑娘儿勒哈顶上荡圈儿变花样,看得来人手心捏把汗。但今朝五伯伯手心捏出来的格把汗,只是为小杭而捏的。布围子围起的杂技场里,一阵阵叫好,激不起他心底一点儿浪花。不过,老街上有两个人走过来,让五伯伯熬不牢,还是看了几眼——一位老先生花白头发、花白胡子,摇着叮铃作响的铜铃,来东为戏班子唱戏文做广告。

他肩上本当扛一块戏牌，戏馆几点开演，演啥戏文，头牌角色哪个，皆用水粉标清。那手字儿，一看就练过些年头，相当之有功底。但今朝他格牌儿，扛了另外人肩上，格是个小鬼，年纪好当他孙子，差不多小杭格年纪，笑嘻嘻一张脸孔。可能老头儿年纪大，想带个小徒弟出山。本来，小徒弟是搦搦拐杖儿，提提紫砂茶壶，打个下手。那把茶壶高头，会倒扣一只白瓷茶杯。今朝拐杖儿小鬼不搦，茶壶他也不拎，只为老头儿扛戏牌。一老一少，一高一矮，格对搭档，好比来东巡游，成了一对"戏精"。而一位长衫先生，与五伯伯擦肩而过的那一位，是不是要赶到书场里的说书先生啊？蛮斯文格样子，头发梳得来溜光水滑。上回子，书场里一本《珍珠塔》，拨人胃口吊足，翠萍丫头走十八级楼梯，一楼梯一书目，听得五伯伯神魂颠倒。放了平日里，有格套书好听，五伯伯一定赶场子，而今朝，哎……

五伯伯、徐黑方，两人并排并，走过短短一截路，该问的问，该寻的地方寻，弄了半天，总归是"东沟摸鱼，西沟放生——白忙一场"。等他们回到卖臭豆腐的摊儿，看到那位大妈，大妈问他们："小鬼还没寻着？"五伯伯格辰光摸出铜板来，问大嫂买臭豆腐吃。人也只有空落来，才兹会得感到饿。五伯伯他们格一圈荡，猪头肉、黑鳢头，好东西一样不想，格辰光饿起来，一只胃才兹一抽一抽。大妈为他们送上臭豆腐，随口问一声："格小鬼，年纪嘎小，腰高头为啥别把枪呢？""啥西？"大妈一句话，好像叉儿叉着了五伯伯的腰子，一口臭豆腐差点没噎着他，他问大妈，"你，看到他带枪？""又不是我存心要看，是他会钞格辰光，不当心裤腰带高头跌落一把枪，我记得当时我问他一句：你小伢儿搞啥格枪？他说，格是一把耍子家伙。"

听到格里，五伯伯他突然搁着，弄了不好，是格把枪害了人！歹人拨枪当真枪，见枪起意，劫了小杭。格也不是没有可能！五伯伯一腔懊恼："是我带他出来的，总归兹应该我带回去！都说财不露白，枪跟财，还不是一个道理，你别勒身高头，哪个晓得你是真枪是假枪？人家要动了坏心思，起了歹念，格真当缟裳完结的嘞！"

【三句不离"本杭"】

缟裳完结（gao rang wo je）：杭州人以前常用口头语，表示"完蛋、糟糕"的意思。缟裳，是白色绢衣，是居丧的丧服。唐诗中，汪遵的《招屈亭》中有诗句："三间溺处杀怀王，感得荆人尽缟裳。"诗里的缟裳，就是丧衣。用"缟裳"表达"完蛋、完结"之意，是杭州方言注重形象的特点体现。你想，丧服都穿了，这事情有多糟糕，还不清楚吗？带出去的孩子走丢，作为第一责任人，心急如焚，脱口而出一句"缟裳完结"，一言道尽痛苦、懊丧。当然喽，五伯伯不会放弃追寻，他的"缟裳完结"，更多是感叹发泄。

杭州人用语形象，将日常生活中的常见事物信手拈来，使很多用语都带有比喻的修辞效果。比如形容一个人脸上脏，直说的话就是"粪相"，但一句"偎灶猫"，就把脸孔脏黑，沾上尘土的模样，从烟熏火燎的灶间猫的形象，一语道破。形容束手无策，可以直说"没有办法"，但形象表达，叫"死蟹一只"。一只蟹本是横着走，横行无忌，可是死了，横竖都走不成了。一个人空口许诺，是给人吃"空心汤团"。你看，汤团是有的，但馅子是空的，所以名不副实。再比如，平时我们杭州人，春赏桃花，夏赏荷花，秋有桂花，冬有梅花，我们的墙头，居然也可以开花，那叫"乌花"。乌花，实则是墙体受潮，水渍洇化后形成的霉斑，但乌花一声叫，少了几分"霉气"，多了几分滑稽，因霉斑带来的不快，终于在"花开的声音"

里，减轻了那么一分两分。

词语注释：

（1）陀来东（gai lai dong）：站着，或靠在某处
（2）小喜尸（xiao xi si）：骂人的话，一般受责骂对象为未成年人
（3）懈落来（jie lo lai）：慢下来

第十章　好消息、坏消息

　　小杭格小喜尸,踏牢尾巴头会动。若要坐船回杭州,他会招呼不打,闷了格头,闷声不响跳上船就走? 不相信,五伯伯前世不相信,因为他有数章,小杭不是格套格小伢儿,但是塘栖镇上,真当寻不着小杭。来来去去,就嘎一截路,除非挖地三尺,否则是打着灯笼也找不到了。五伯伯跟徐黑方没办法,只有打道回府,坐船回杭州,先来碰碰额骨头看,万一小杭真当回来的呢? 今朝天公有点瀴飕飕,但五伯伯额骨头已经出汗,他坐船回来,来东茶馆里碰着汪先生,他急吼吼问:"汪兄,见到小杭没?"格副急得说不出话语格样子,让汪先生呆了一头。事体格来龙去脉五伯伯一五一十交代清爽,汪先生顿了顿,想格想,说:"老五,估计格小鬼出事体的! 嘎套,你留了格里,好好交眠一觉,明朝对付格顿讲茶。我,代你到塘栖再跑一趟,我认识那里的警察,还有一些跑码头的人,我再帮你寻格寻他,正路、邪路,都帮忙寻一寻。小鬼蛮懂事的,一般不会去闯祸,应该是祸水来嘲他的。"他还想说一句"活要见人,死要见尸",但是想想不吉利,还是咽落的。

　　其实五伯伯不晓得,汪先生下午刚刚拨人骂过"稀调钵头",心里厢也不是蛮爽,甚至有半肚皮的懊恼,但是小杭出事体，他不能坐视不管。他总归要出手。

汪先生下午为啥会拨人说成"稀调钵头"？事由蛮简单：他要为"壶笑天"送一张桌儿。他认为格是一张了不起的桌儿，送到了"壶笑天"茶楼，人家会记牢格张桌儿，由桌儿，会延伸到桌儿主人，会因此说说桌儿主人的好话。其实四娘眼睛尖，看到汪先生眼睛眯眯拢，眬眬拄拄[1]，"蟹壳黄"嚼法嚼法，就晓得汪先生又要出啥格"花头精"。汪先生来跟四娘说："我有一张桌儿要背进来，用来装点装点明朝茶馆里'吃讲茶'的门面。"四娘倒没打呆鼓儿，因为她晓得，汪先生嘛，总是嘎套的，他时不时要有点新花样，要来点稀调钵头的。倒是苦根有点儿心烦，因为汪先生的桌儿要由他用板车去拉。苦根一脸懊恼相，他问汪先生："你格张桌儿好，好了哪里？"汪先生说："格是花梨木茶桌，镶嵌白色大理石，我再拨把红木椅子过来，拨调解人五伯伯撑撑场面。你么，再弄两盆仙客来，放勒桌子高头点缀点缀。告诉你，明朝格场吃讲茶，保证风风光光，不出乱子。也不枉我格老茶枪的一番苦心。用场派好，桌儿你再拉回去，不占格里格地方！"汪先生一番说说笑笑，引出了另外一位老茶枪的一句评语："哼，稀调钵头！"

说格句话语的，是贾秀才。格句话语本身，也并不是一棍儿拨人敲煞的坏话。苦根吃不准，格句话究竟啥意思，后来还特为求教贾秀才。贾秀才解释说："我尽量长话短说，但总归说来话长。稀调钵头么，难的是说灵清钵头两个字儿——稀调是话语不多，没气没屁，差不多就是闷葫芦的意思；钵头呢，杭州人只晓得它是用来盛东西的器具，盛盐盐钵头，盛猪油猪油钵头，盛酒酿，小钵头甜酒酿。但如果叫人'稀调钵头'，说一个人是只钵头，格也是不落榫的，是说不通的。其实，钵头是种歌舞，从西域传过来，也有说从印度传来，据说唐代就有了，表演者是一个做儿子的人，因为山中老虎吃掉他的爸爸，儿子上山寻老虎，披头散发，寻到老虎要杀老虎，你想想，格表演起来多少夸张。本身稀调是闷声不响，而钵头是种戏文（又可以叫拨头），你想想看，平时佝拢，根本看不出花头格人，突然站起来，要演出戏文拨你看看，你不是要吓一头？你是不是没办法想象？所以一个人做出了让人想不到的、稀奇古怪的动作，想出一个奇出怪样的花头，我们就称之为稀调钵头。"苦根连连点头："哦，钵头，拨头，都是一种歌舞、戏文，是要表演的。一个人三不知间，突然演起来，好比人来疯一样，人家是要呆一头的。对对对，戏班子跑到台高头演演，人家看勒蛮高兴，但平常日子有人突然来什格一出，格是让人想不到，真当想不到！"

贾秀才称汪先生是稀调钵头，是背地里，暗罗罗什格叫叫，不是当面叫，但汪先生耳朵尖，偏偏听到，所以回过来问贾秀才："贾兄，头卯你来东说啥西？"汪先生脸孔翻转，脸色难看，但贾秀才倒也不慌，他请汪先生过来："来来来，凳儿高头坐格坐。汪兄啊，一个好消息哎，你上卯子要拨你们儿子说门亲事，格卯我已经得着消息，说有个女的肯嫁拨你们喔！""哦？"汪先生格记来了劲道，他让要去拉桌子的苦根，稍许等格等，他要听过消息再走。

贾秀才拨装了三只蟹壳黄的盘儿，推到汪先生面前，耐悠悠说："对方么是个好人家，他们嫁女儿，条件蛮简单，认你们格份人家，他们马上就嫁。"汪先生乌珠翻两翻，问贾秀才："有嘎怪格人家？格份人家格女儿，有没有带啥格疾啊？""哈哈哈，"贾秀才笑得开心，"她非但不带疾，还是花容月貌。该生眼睛格地方不生鼻头，该生鼻头格地方不生嘴巴，樱桃小嘴两头翘，会说话是眼眨毛。嘎漂亮格姑娘儿，她嫁过来只有一个条件，只要你答应,她马上嫁!""哦?啥格条件?""木佬简单,她愿意来东夫家留一夜,洞房花烛,跟新郎夫妻一场。第二天,她回娘家,从此两家人老死不相往来。你看,格桩婚事好不好?""哦?真的假的?有嘎套人家?""接格没有?就像你,心血来潮,劲道十足,一拍脑袋,想到要背张花梨木桌子拨'壶笑天',说做就做。就像格份人家,养大的女儿说嫁就嫁。但是,对不起,女儿送进来,不是跟新郎来做长久夫妻的,她只过一夜意思意思、热闹热闹的,第二天她马上又回去,格不就叫:老婆进门一夜头,天亮回转不碰头!你觅觅看(2),是不是格套道理啊?你格张桌子,不也是马上要背回去的吗?"

汪先生不是糊涂人,格辰光瞌眬已醒。呵呵呵,弄了半天,你格贾秀才,来东调排我,来东变个法儿骂我!还会装腔作势,亏他装了煞有介事。不过,大家兄弟,哈哈一笑而已。贾秀才骂他"稀调钵头",回转想想,他难道没有稀调钵头吗?有还是有的嘛。汪先生站起身,用长罗罗的手指壳儿捋捋头发,对四娘说:"四娘,贾秀才说得对的,唱戏不能只唱一个开头,格张花梨木桌子,送过来就留落来吧,我一定拨它留落来,好不好?留了格里做个纪念?"他们两人的话语,四娘听得来一清二楚,她笑着说:"汪先生,你一番好意,我领了,但是花梨桌子,格儿太高,我们庙小菩萨大,吃不消长用的,你送过来我们用一卯,你还是马上拉回去比较好。""好,好,好!格我恭敬不如从命!"汪先生连连点头,拱拱手,让苦根跟他一道,用板车去拉花梨木茶桌去。

花梨木茶桌来东茶馆里摆放到门,没想到等来了小杭没见掉格消息,汪先生急,四娘、苦根更急,但看到汪先生急急忙忙叫好夜航船,要去一趟塘栖,大家又木佬佬感动。四娘还反过来安慰五伯伯,说:"小杭格小鬼,命大福大,你覅担心事,先去好好眍一觉,准备明朝格一场'讲茶'。"

　　但,说说容易做做难,五伯伯回到屋里厢,他哪里吃得落饭,睏得落觉。要是人一半一半,可以劈开就好,他可以一半想小杭格事体,一半想明朝讲茶格事体,不会对冲打混仗。杭州人说,生意活络做,棺材劈开卖。棺材都好劈开卖,但是从来没有一种手艺,敢说"人劈两化生,拼拢一个生",即使有吧,估计也没人敢去试,就怕那个师傅劈开容易装拢难。就像杭州那个修自鸣钟的老师傅,招牌是"专修自鸣钟",人家送的下联是"拆开装不拢"。

　　五伯伯一觉醒来,讲茶将要开始。氽把脸孔,五伯伯硬孜孜逼自己打起精神。跑到离"壶笑天"茶馆不远,瘌痢头卖烧饼油条的摊儿,他要一副烧饼油条,冲一碗咸浆儿。不当心吃着一口呼呼炮的浆儿,他眼泪水儿都快要炮出。就来东眼泪水儿中间,他看到了一个熟悉的人。眼泡皮儿膨肿的汪先生,搦一管揲儿,来东他身旁边落座,不慌不忙,开始梳头发。五伯伯失声叫:"汪兄,你几时回来的?刚刚坐船落河埠头?"汪先生不急不慢,点点头,打个哈欠,估计忙了一夜,人也辛苦,也可能是想卖个关子。五伯伯连忙为他买好两副烧饼油条,冲好一碗浆儿,再问他:"汪兄,格,小杭……人呢?"

　　汪先生么,一张扑克牌脸孔,对五伯伯说:"老五,我格里有一个好消息、一个坏消息,你想听哪一个呀?"

　　五伯伯跟汪先生向来是"黄鱼水鲞——半斤八两",都晓得对方脾气。汪先生有卖关子格套心思,一般说明小杭大面没事体,要真当有啥格事体,他没劲道再跟你来绕圈儿的!五伯伯笑眯眯说:"你一口浆儿落肚,我先听你的坏消息。"对五伯伯来说,再坏格消息,也是有了一个消息,最难过的辰光是没有消息。消息等等不来,等等不来,悬凌心空,半而不接,半三不四,不上不落,一口气上不上,落不落,格辰光才叫难过。汪先生咕嘟一口,浆儿咽落,喉结动一动,说:"坏消息,是塘栖一夜头,我叫了朋友一道寻小杭,结果寻不着他。"

"格好消息呢?"

"好消息是,我来东回来格河埠头高头看到了他。要晓得早起河埠头能够碰到他,我就煞煞坦坦[3],屋里睏一觉,第二天再到河埠头,就能见着他了。""格么,他人呢?""人么,他有脚有手,自己会走回来的!格卯他跟小张,到陆干娘屋里去的。""小张?小张是哪个?""小张你都不晓得?就是那个四娘日盼夜盼,一直等,等不来格老公哎!""啊?格小杭跟格个猪头三拌了一道,接格回事体?他们几辰光来东一道?"炸得松喷喷的又一根油条,捏了汪先生手上,他啊呜一口,咬落油条头儿,坦罗罗说:"老五啊,要问小杭为啥跟人家混为一谈,格么你只有去问他本人的。我到格卯该做格事体都做了,我要回去睏一觉,不然,老腰都要直不起来喽!""你辛苦,辛苦!"五伯伯一叠声道谢,说,"你真当帮了我格大忙的。不然,我接格向四娘交代。人是我带出去的,回来就剩了我一个人。"

汪先生吃饱喝足,又打个呵欠,准备回去汏脚睏觉。五伯伯说:"汪兄啊,本来你来东茶馆里,你看我眼色,我要说点儿啥西,你可以有个帮腔照应,格卯你什格套去睏觉,我就少了一个帮腔的人呐!""对!"汪先生对五伯伯格话语,格叫勒心领神会,"道理我晓得的。你豁翎子,我接翎子,你前头唱戏,我后头叫好。但你看我格卯,鼻头涕、眼泪水一道来,年纪大的,身体不大搁得牢,只好先到眠床高头去摆摆平。真当格副吃相,坐了茶馆里厢，我估计也就勒钝鼓鼓大了个乌珠，朝你看看，没套头的。"

送走汪先生，为啥小张要到陆干娘屋里厢去，五伯伯也有点儿想灵清的。如果小张格趟回来，是为了跟四娘做一个了断，格么陆干娘作为当初他们的媒人，做个他们一拍两散的中间人，也是合情合理的。不管接格说，小张作为一个男人，不负责任，掸掸屁股管自己走走掉，好比断线鹞儿[4]没个音信，总归不到门。格卯回来，话语说灵清，好事体一桩。但五伯伯想不通的是小杭格小喜尸，为啥招呼不打一个，就跟了小张去？是无意当中碰着小张？还是小张劫了他走？还是另外什格情况？格要回头再问问他。五伯伯格神气，格卯总算全部回转，他三魂已经回转，七窍已经归位，他可以用十分的力道，去吃格一盏讲茶。五伯伯，又回到原来的那个五伯伯。

【三句不离"本杭"】

稀调钵头（xi diao be dei）：稀奇古怪的花样。如同成语"大器晚成、大功告成"的结构类型一样，应该是个主谓结构的方言成语，稀调指沉默寡言之人，钵头指他表演的节目，可以理解为"稀调（演）钵头"——平时蔫不拉叽一个人，突然横空出世，一个亮相，有时候可让众人惊艳，有时候难免众人惊吓。西域传入的歌舞"钵头"，能够在杭州市民口中流传，是杭州娱乐业曾经发达的一个佐证。

钵头竟然是歌舞，这个称谓的这般用法，在戏曲界并不稀罕，但在民间，知之不多。这足以证明，杭州话来源的驳杂。杭州话有的来自英语，有来自满语，还有来自佛经。杭州市井中有一句俗话"是无等等咒，屁股夹笤帚"，也是很有些说头。在语言效果上，可与"稀调钵头"媲美。该俗语前半句，来自《般若波罗蜜多心经》："故知般若波罗蜜多，是大神咒，是大明咒，是无上咒，是无等等咒，能除一切苦，真实不虚。"其中"是无等等咒"，是无与伦比的意思。那么杭州人把"是无等等咒"和屁股夹笤帚放在一起，有何用义？笤帚夹在屁股里，多么不雅，如果按照正常逻辑，正常语言习惯，前一句"是无等等咒"后面，应该接"拂尘握于手"比较合适。拂尘，是修心正己的象征，"是无等等咒"与拂尘声气相投，它们有着相似的格调，相融的氛围。可在市井俚语中，接上了不伦不类的"屁股夹笤帚"，这是为何？这个不伦不类的形象，是用来讽喻某些人自以为是、名不副实。他们自高自大、趾高气扬，做事洋相百出，令人啼笑皆非。杭州人在传播此话的时候，一般都脱离了经文，将"是无等等咒"，替换作一个抬头挺胸、不可一世，只管噔噔噔向前行走的可笑形象。这个形象如果手上不持拂尘，只拿一把扫帚，已经可笑之极，更可笑的，是他将扫帚插入屁股后头，可见他做事颠三倒四，全无章法。以上两句俗话，可窥见杭州话的机智、诙谐与形象。本土人士，可把这些市井语言视作对自身行为的训诫，每天听一听，想一想，相当于为灵魂舒经活血，沐浴敲背。

词语注释：

（1）瞌眬拄拄（ke cong zu zu）：打瞌睡
（2）觅觅看（mi mi kai）：仔细再想想
（3）煞煞坦坦（se se tai tai）：很放松，不考虑时间因素
（4）断线鹞儿（duo xie yao er）：断了线的风筝

第十一章　吃讲茶

　　五伯伯袖子管儿卷格卷，茶盅移格移，吃讲茶前做的格套动作，都是咪咪小的，小到可以不当回事体，但有人当回事体，比如四娘——她看到五伯伯的动作，就相信五伯伯能够拨事体摆平捋顺，因为她跟五伯伯熟里格熟，五伯伯一桩事体没把握，吃不准，或者头埭不接，心中没底，他就会用手撸下巴、摸耳朵，用大拇指头揿印堂，要么十只手指头交叉一道，拗拗手指关节。如果心里没底，考虑不细，五伯伯所有的动作，都对牢自己，摸摸格里，搔搔那里，好象意思是要查漏补缺，哪里格地方要补补漏，哪里个地方要焊焊牢，注意他的动作，全部对内。如果五伯伯心里有底了，他会卷袖子管、移茶盅，伸出三只手指头，叫一声"来三只蟹壳黄"，或者他会拨块袁大头放了手心里，戥戥分量[1]，或者他拨一把黑折扇顺手搦起来，敲敲手板心，他格所有动作，都是朝外的。他是心里滴水不漏，筋骨蛮好，神气十足，所以做一套行云流水的动作。五伯伯格动作，让四娘放了心。她更放心的，是徐黑方徐师傅居然从塘栖回来，特特为为，来帮她坐镇茶馆，让毛手毛脚、捞手舞脚的人，不敢动手动脚。有嘎块"腌菜石头"压阵，四娘心思松快木佬佬。

今朝吃讲茶，尤家两兄弟格两派力量，不大均等。尤家老大格派，明显人多，老大之外，还有管家斯先生同两个一看就不是吃素的随从，一个络腮胡，一个乌烟鬼，两人站了一道，真是一个鼻头哼白气，一个嘴巴哈黄气的"哼哈二将"。尤家老二格里，只带一个跟班。跟班疤拉眼⁽²⁾，半边脸孔有点儿僵，手里搦了一根拐杖儿。双方落座之后，五伯伯左看看，右看看，居然发现两方面都木佬和气，老大眯眯笑，老二笑眯眯，一个伸手"请"，一个点头"请"，礼数真叫勒周到。五伯伯放眼望今朝格茶室，他看到了平日里难得一见的人物，比如已经回乡下的何秀才，不晓得今朝接格回事体，长衫儿穿穿，也出现了茶馆里。他跟贾秀才并排并，坐勒一道，看他乌珠亮晶晶，一副恺壁⁽³⁾听大书的高兴相。何秀才你别来无恙啊？当年因为人家剪他辫儿，他寻死觅活，格卯辫儿没的，皇帝老早不坐龙庭的，他不是照样活得来蛮滋味？今朝你来作啥？是看热闹不怕事体大喽？

五伯伯还看到了"喜雨台"常走棋子的老李，今朝他又接格得着消息，来到格里？今朝老李瓜皮帽儿一顶，瓜子嗑嗑，跟旁边人交头接耳，不晓得来东烦啥西，他是路过来坐一歇？还是特为赶过来，不看虚泡泡的楚河汉界，而来看一场人世间兄弟相争？吃不准，真当吃不准。

卖花生豆儿、盐金枣的小兰儿，今朝也不做生意了，或者说生意做不做，她今朝无所谓。她摸摸自己的小辫儿，格里张张，那边望望，装货格篮儿，不捏了手上。她格篮儿呢？哦！原来篮儿来东她爸爸手里，她格爸爸，蛮蛮老实头一个中年人，头戴一顶乌毡帽，帮女儿管牢篮儿，陪她坐了角落头，静等好戏开场。反正今朝格场戏文，想看格人，有不少。一场戏文，有戏中戏，也有戏外戏，贾秀才的戏外戏，才兹叫了发靥。今朝吃茶，他居然拎来一只脸盆，一只小小的铜脸盆，放了茶桌底下，人家奇怪，问他为啥啦？他反问人家，晓不晓得《三国演义》常山赵子龙？赵云万人军中，取上将首级，盔甲满身，全副武装，上战场前头，都要作好准备。贾秀才告诉人家，你们不懂，讲茶吃勒好，平安无事，吃勒不好，要见血光，双方谈不拢，火气拱上来，你捉一只茶杯，我揉一只碗盏，到最后杯儿碟儿满天飞，格辰光坐来东格人，不当心会吃着误伤，所以贾秀才他灵机一动，备好铜脸盆一只，挡挡"飞来肉圆儿"。凡事算在前，做在前，备在前，有备无患，凡事不慌。一只铜脸盆放了脚底下，贾秀才马上有一种"家有余粮"的淡定。茶馆里厢，人已经嗡满，五伯伯看看两位主角，老大尤仁，老二尤义，他做个手势，让尤老大先发话。尤仁谦和地一笑："我先来吗？老二多年在外，格卯回转来，是客人啰！所以阿义啊，有话语，还是你先讲！"老大尤仁显得蛮落槛，格倒让老二有点儿难为情相。既然老大谦让，他也就不再粘滋疙瘩，他站起来，先拱拱手，谢诸位乡亲们："各位父老乡亲，我尤二多年不来家乡，先谢谢今朝各位捧场！格卯也叫勒格没办法，事出无奈，为还债，想问屋里厢来讨点铜钿。多年前头，我格姆妈，因为来东屋里庑了不落胃，带我跑到上海，嘎许多年，没沾过屋里啥格光。我自己年岁也大起来，要讨老婆过日子，也有一笔不小的债务要还，债主逼上了门，我接格办？只好麻烦麻烦我屋里厢，毕竟我是生勒格里的。我们娘已经走的，她后来格日子，也过得罪过相，没享啥格福，她最大格愿望，就是我能从屋里得点儿实惠。格次我回来，想问屋里讨两百块大洋还债务，再想要古河头那一幢花园洋房，让我来东杭州有个落脚地。一幢房子，两百大洋，一加二，就嘎！"

"咦，就格点儿话语？老二说好的？"本以为老二会嘟嘟嘟，烦一长串话语，毕竟，他是讨钱格一方，没想到他三言两语，就收口的，五伯伯倒有点儿奇怪。尤老二吃茶格辰光，他旁边那个搦拐杖儿的跟班，帮主人说了一句："我们义哥从来说一句是一句，不说废话！"

轮到老大开腔，老大吭哧两声，要求委托斯先生发言："我想五伯伯也心中有数，涉及屋里财产格事体，我都托拨老斯来东管，所以我想他来代我发话，你看接格套？"老大不想开口，老二有何想法？五伯伯当然要征求老二意见，没想到老二还没表态，那位跟班倒抢先一步，说"当然好喽！我们义哥厚道人，只要你们说人话，不欺负他，他不会有意见！"五伯伯听他这么说，当场沉下脸孔："老二啊，我们格里坐来东的都是两只脚格人，说的都是人话！你手下人说话语，最好过一过脑子！"尤老二乌珠弹出，瞪跟班一眼："你少说两句，没人当你哑巴！"

斯先生发言，真叫"门槛上斩萝卜——干干脆脆"，他的话，比尤老二还要短，其实一塌刮子只有两句：第一句，尤家的丝绸厂，生意不景气，现大洋没嘎多，破机器你想要，背勒去；第二句，古河头花园房子，破里索落，老鼠做窠，蚊子打堆，你要的话只管搦了去，整修，你自己来！其他条件，免谈！

"嗤嗤嗤，"尤老二笑起来，他开腔，"好啊，好啊！勒哈屋里厢跟你们谈，你们是什格两条，格卯依你们到外头来谈，五伯伯做老娘舅好好交谈，你们还是什格两条，你让我说啥西好？"

五伯伯听到尤义喉咙响起，连忙抬起手，往下压一压，让他冷静和淡："老二啊，我们讲茶，是要讲难处的，有难处讲出来，大家各退一步，退一步海阔天空。老娘舅拆劝，一家一拳，不依你不依我，事体才兹有余地。你有难处，讲出来，大家听听嘛！"

尤义那个疤拉眼跟班，又熬不牢插嘴："要不是债主逼到义哥格里，让他非要交格笔铜钿，他本来不想问屋里厢来讨！人家要他人头，他只好问屋里要袁大头，格是一笔救命钱！"

斯先生冷笑一声："好啊，既然有格套要人性命的债主，格你让他跑出来亮亮相咯，看看他究竟哪里格人，有没格个人？我怀疑格个人，还来东天上飘喔！"

对啊，有没这个人呢？他只是尤老二使的障眼法吗？造出格人，只为要到两百大洋？斯先生冷冷一句话，好像来东暗示啥西，格让跟班的火头，"吧吧吧"往头上蹿。尤义脸高头肌肉抽几抽几，抽到后来，别出一句话语："斯先生，你不相信债主逼上门来，格么我要是寻到格位债主，你接格说？寻不到，又接格说？我寻到，你戳自己大脚髈一刀；我寻不到，我戳自己大脚髈一刀。你来不来？"尤义的两句话语，咄咄逼人，斯先生又一声冷笑，"债主上门，倒变成一桩光荣格事体，格倒少见少有！"尤义跟班听到格句话，一下子屏不牢，啪地拍响桌子："你算啥东西，敢戳我义哥！"气氛一时之间弄得来有点儿吓人捣怪：尤老大格边，两位哼哈二将，都有手上动作。那个哼将，手放腰上。腰上有啥格硬邦邦的东西？自己去猜吧！那个哈将，也就是乌烟鬼儿，他顺手搭了后腰，那里可能有把刀儿，一旦拔出，尖削削、亮晃晃，有人落底卯看他用刀儿对付过一条恶狗，恶狗发疯，他用飞刀脱手一甩，刀儿笃进恶狗眼眶，一股鲜血好比一条红线，嗞啦滋出来。但尤老二格边呢？两个人都没动，也不晓得哪里来格一股阴风，吹过花梨木茶桌，吹起一张黄表纸，轻轻吹起，落到五伯伯眼前。五伯伯没动，是徐师傅帮他搁起格张纸儿，轻轻交，捏成一团。有一刻，空气紧张得让人不敢透气。五伯伯掇起他的盖碗茶，销开盖儿，对牢热茶，吹了两口气，再吃格一口。整个茶馆，好像只有他嘶热茶的声音，只有他一个人来东吃茶。五伯伯身边,"沾衣十八跌"徐黑方突然笑笑,对勒尤老二的跟班,说了一句:"兄弟,你手上格根拐杖儿,你让我看看好不好?"那根拐杖儿,节瘤突出,是黄哈哈的木杖,看不出啥奥妙。徐师傅什格一说,跟班看看他的主人。他跟他的主人,都吃不准徐师傅哪路神仙,葫芦里卖啥格药。五伯伯放落盖碗茶,向大家拱拱手:"各位朋友,在座的有认识格位徐师傅的,有不认识的,不认识也不搭界,他是我特为请来的,听说他一只手好打煞一头牛,我没亲眼看到过,但是哪个要坏今朝吃讲茶的规矩,毛手毛脚,动手动脚,他也不会客气。今朝请我们来调解的尤家,来东我们当地是有声望的,尤老爷德高望重,人情味重,两兄弟尤仁、尤义,名字里就带仁义二字,所以我们今朝有个不说出口的规矩:君子动口不动手。我说贾秀才,你带了你格铜脸盆当头盔,你霎慌,今朝哪个头上要出血,我愿意自己出血来赔偿!你出一滴血,我出一滴血,你出十滴血,我也出十滴血。没有规矩,不成方圆!话语说到格里,尤义,请你身边那位递一递拐杖儿,徐师傅想看看,格么就拨他看一看!"

拐杖儿总算递上来,交到徐黑方手里,徐黑方手脚蛮蛮麻利,刮嗒一下,去松拐杖儿的手柄,拨那个有机关的手柄,一点一点,旋开来,像旋一颗炸弹,拨炸弹上的引信,旋落来。拐杖儿的手柄,旋开抽出,是一支大概三十公分[4]长的匕首,寒光闪闪,让人汗毛凛凛。不少人看见,倒抽一口凉气,小兰儿的爸爸,直接乌毡帽摘落,汗揩格揩,领勒小兰儿,直接溜出茶馆。徐师傅拨拆开两半的拐杖儿,直接放勒五伯伯面前,五伯伯搦起拐杖儿两部分,仔细看看手柄,对尤义说:"老二啊,格样东西,做工是精巧啊!哪里来的呀?""朋友送的,东洋货!""哦!"五伯伯假装慌兮兮,他说,"老二啊,你们身高头,还有啥格危险八喇的东西,最好都交出来,有句老话:利器在身,杀心顿起。你们囥格套东西,为了防身，我是理解的。不过，万一人急起来，难免动手伤人，格套东西，会让人非死即伤！老二，你格刀儿高头，有没涂啥格鹤顶红啊？"五伯伯盯牢尤义说格一番话，听得他要多难过有多难过，他马上想用话语钝回去："五伯伯！我们要想动手，格里老早死人的！不过……"就来东格一刻，他看到五伯伯闪闪发亮的眼睛，突然读懂了五伯伯的意思，哦！懂的，懂的！五伯伯汇同徐师傅，拨他们园来东的家什亮亮相，为的就是镇镇对方，因为对方人多势众，压老二一头，老二家什一亮出来，老大他们吃不准，老二园起来的东西还有多少？明枪易躲，暗箭难防，因为心里没数章，他们就会收敛，会做忌，所以五伯伯他们格一招，实在是高，明勒是针对老二，暗勒是让老大、老二保持平衡，不让任何一方，轻举妄动。

老二心中有数之后，"船小掉头快"，手拱一拱，话语马上反过来说："……不过，我们今朝是诚心诚意来调解的，不是来寻事儿的。所以，请五伯伯还有格位徐师傅主持公道，请父老乡亲做个见证！"

"酣豆儿糖粥……酣豆儿糖粥……"

讲茶，刚刚吃得有点儿半儿不接，一声吆喝叫卖，让人瞌眬都醒的。因为茶馆里的茶客，都一口气屏牢，想看局势到底接格发展，哪晓得门口传来格一声，好像横插一杠子，叫人有点儿哭笑不得。而小兰儿也不甘落后，马上掺进一声："香烟，洋火，桂花糖。"让人"扑哧"一声，想笑。小兰儿，真当会当家，本身她爸爸带她出了茶馆门，她想想格里人多，东西多少能卖出点儿，所以她走掉之后，又回转来想做几节生意。卖东西，总归卖一点是一点，挣一点是一点。

小张，就是格辰光进来的。小张戴一顶南洋归侨盔式帽，进来格辰光，带一个随从。随从是五痨七伤，块头蛮大格家伙，小张手上夹来东的雪茄烟，由随从擦着洋火，点旺的。小张到来，让五伯伯、徐黑方、在场所有人几乎都呆了一头，只有尤老二，好比看到了救星，他介绍小张："格位就是我格债主！不是有人不相信我有债主么？格卯他上门来的。你，你又有啥格话语说？"

小张，就是本茶馆老板娘的老公，张小契。

小张来作啥呢？五伯伯勒哈猜测，他抬头想寻四娘，但看不到，不晓得她是来东忙，还是躲起来的。

小张喷出一口雪茄烟，烟头绕出二十公分。尤老二说："张哥，他们不相信我欠你的钱。你来，正好帮我作个证！你账要勒急，我希望他们拨我格铜钿，马上转到你手上，我们从此两清！你拨我说句公道话吧。不过，我格里有言在先，张哥问我要债，从来是客客气气的，是我实在搦不出，我才兹问屋里厢开口的……"

小张摆摆手，示意他少说几句，小张说："事体么，就是嘎回事体，我拨我格意思说好，我马上急了要走，所以麻烦大家都听把牢！我跟大家老邻老舍，但是日后几时相见，就不大清楚的，我也就趁格机会，向大家道声再会！尤义的两百大洋，债主是我，他欠我辰光，已经木佬佬长，他一直还不出。今朝我当大家格面，拨格债权，划拨我们格爿茶馆的老板娘林四娘，至于四娘问尤义几辰光还，格就是她格事体，想必她不会逼你，所以，你就用不着火烧眉毛，问你们大哥要铜钿。我会立字为证，你铜钿还拨四娘。格是头一桩事体。第二桩事体，我跟四娘格事体，我会请陆干娘做个中人，我们会拨话语摊开说灵清，好聚好散，从此两不相欠！诸位，鄙人还有杂务在身，我先告退。青山绿水，我们后会有期！"

门口河埠头，只听一面小锣敲响了，有人叫"开船嘞"。但茶客们发现，格只船跟小张不搭界的。他走在前，随从跟在后，他们去的地方，是河港对照，陆干娘屋里厢。有五六个伢儿，马上跟牢他们，哒哒哒跑，一道去看个热闹。

有了小张格只脚，格桩吃讲茶，马上就"馒头吃到豆沙边"。因为债权转移，尤老二因为他人追债，让大哥豪燥掇出两百大洋的说法不攻自破，反正四娘不会逼他，五伯伯就趁热打铁，让尤老大让出古河头的花园房子，简单修缮，让他阿弟来庵，另外再拨三十大洋，作为老二的过渡费，从此之后，两家再不相干，不再发生纠葛。五伯伯为两家起草了调解协议，读拨两家人听格辰光，他看到了门外进来一个人，一个他蛮想看到格人：林小杭。他看看小杭，好像黑了一点，瘦了一点，脸上有没有伤啊？精神倒是蛮好。小杭回来，他格颗心更加定，读协议的喉咙，当然更加响。小杭勒哈塘栖，到底碰着了啥事体，他空落来，当然还会再问问清爽。

【三句不离"本杭"】

老娘舅拆劝，一家一拳：老娘舅在这里是指调解人，相当于五伯伯。拆劝是拆解纠纷，劝架讲和；一家一拳的意思，就是指尽量维持双方的心理平衡，不让某一方感觉吃亏了，落了下风，没了面子。

调解，既要理清事情的是非曲直，也要给足双方面子。让理亏的一方，有个台阶下，不可太伤他脾胃；而相对理直气壮，似乎胜券在握的一方，也不可让他气势汹汹，得理不饶人，调解人要找一找他的缺陷，亮一亮他的漏洞，压一压他的气焰。调解时，能够把双方心结解开，那才是上乘的调解。杭州乃至江南地区的茶馆调解，调解人会利用茶馆氛围，见机行事，顺势而为。茶馆里鱼龙混杂，人多嘴杂，调解人要学会借力，为我所用，是调解人引着舆论往前走，不是倒过来，被舆论牵着鼻子走。

另一句杭州常用的调解语，叫"不依你，不依我"，道理和"一家一拳"如出一辙，这句话一般出自当事的一方，为达成事态和解，他会劝说对方，双方各退一步，找个平衡点，案结事了，不再纠缠不清。

词语注释：

（1）戥戥分量（den den ven liang）：掂掂分量
（2）疤拉眼（ba la yan）：眼睛上有疤
（3）陔壁（gai bie）：靠着墙
（4）公分（gong fen）：厘米

第十二章　小杭：那一夜

那天来东塘栖，我对五伯伯说，我歇歇就来，因为我闻着了臭豆腐的香气。它有香里格臭，又有臭里格香，因为我有点儿饿的，我想我自己先去吃格一串。吃好不够，再来第二串，自己吃好，再拨五伯伯、徐师傅买格两串。我想是想勒蛮好，但是后来一阵唱戏格声音，牵我到了河边。我看到河高头开来一条船，船高头有个人，他穿西装，留分头，来东唱京戏。格段子我来东拱宸桥茶园里听过，原先我叫它《五加皮》，后来大人教我，不对，格是叫《武家坡》，但是我说，还是《五加皮》记得牢。格出戏，男叫薛平贵，女叫王宝钏，我最熟悉格几句："一马离了西凉界，不由人一阵阵泪洒胸怀。青是山绿是水花花世界，薛平贵好一似孤雁归来。"不过船高头格男人家，唱的好像不是薛平贵，他应该来东唱王宝钏，但是蛮蛮快，薛平贵我不想管，王宝钏我也无所谓，我盯牢的是船上那个户头，我来东心里厢，幽幽交问自己："是他？莫非真当是这个枉德鬼？"我问自己格辰光，船从我眼前飘过，我想想不甘心，我要弄弄灵清，所以我拨手上格臭豆腐三口两口吃光，退出河边，沿了跟船平行的一条路，我追了一截，再弯进通运河的一条小弄堂，看勒那条船慢慢交开过来。回转想想，我格辰光跑到茶楼，叫上五伯伯，叫上徐师傅，让他们去对付格条船,越发没毛病!但我来不及的,我当时一门心思,只想寻牢船高头格男人家,至于自己会不会吃栽,会不会弄他们不过,我哪里管得了格许多?船再开过来格辰光,西装客吊好嗓子,刚刚回转进船舱,但我已经吃准,我要寻格人,就是我格阿姐一直苦苦等待的"小张"!你逃勒外头,躲猫猫果儿格躲,今朝我无论如何要盯牢你!真当老天有眼,我正来东发愁,我接格上船,我发现地高头⁽¹⁾掼了根有点粗的竹竿儿。我有竹竿儿,就好比关云长有了青龙偃月刀。因为我们的河港边,常年有船停靠,我们几个道伴搞搞儿,会用粗竹竿撑杆跳,两只手抓牢竹竿,两脚蹬格蹬,身体腾空,从岸高头一记头跳到船高头。撑杆跳,实实在在,没嘎好跳,跳过头跳勒水里,跳歪了要吃跟头,我格次撑杆跳,眼睛都不眨格眨,勒哈岸高头退后两步,竿儿撑进河港边,两脚一蹬,一发力,竹竿儿一掼,人就蹦到了船上。虽然我立脚不稳,跌倒勒船板上,但已经木佬成功。我听到舱里有人勒哈问:"哪个?"我冲进去叫:"姐夫!"他看到我,煞煞招招呆了一头,没想到我神兵天降,会突然出现勒他眼前,所以他正来东拉的"云手",就停了半当中央,好比泥塑木雕一样,僵歪⁽²⁾的!他站格地方,是个中舱,平时放几张骨牌凳儿,有茶几儿,好吃吃茶谈谈天。中舱再往后头去,是个后舱,考究的有眠床,好困觉。他们格只船,还是有档次的。姐夫,格断命的姐夫呆掉格辰光,后舱一个女的问:"谁在前面闹腾啊?"是一个北佬儿女声,声音脆,脆中带沙、沙中有脆,像我们夏天吃的起沙的黑籽瓜。姐夫像呆头鹅一样,一时反应不转。我又叫他一声:"姐夫!"他没回我,后舱倒回的:"谁在那儿喊姐夫呀?"后舱什格一问,姐夫急的,姐夫回北京话:"没,没、没人喊姐夫,冯小姐!有人在问戏服,问咱们戏服的事儿!"

我听姐夫我说东他说西,硬邦邦要岔开去,我肚皮里厢格火头噌噌交⁽³⁾蹿上来，我又不是不会勒说北京话，我就用北京话回怼过去："我是说姐夫，我说的是姐夫、姐夫、姐夫，我说的不是戏服！"那后舱里厢，肋肋排排，挂了不少戏服，有蟒袍，有宫衣，有青褶子。我喉咙汪嘟汪嘟一叫，倒真当引出了后舱格人，我当出来一个女人家，但出来的是个墨赤铁黑格男人家，莫非道头卯发出声音的，是格票货色吗？他是个男的，接格发女声？或者舱里还有另外人？我还没想灵清，那个男人家问姐夫："张哥，这是哪来的小兔崽子？"他又转向我："你哪儿来的？你来干吗？"

格辰光，姐夫伸手拦牢他，对我说："小杭，长远不见，你长高的，我一时之间居然没认出来，呵呵。"他干笑两声，说："我格卯来东冯小姐手下帮帮忙，你不要来轧闹忙，我让船家拨你靠岸，让你回岸上去，回去跟你们阿姐说一声，叫她霎再寻我的，我们各归各……"啥西？我听了真当熬不牢，我想想格男人家霎脸霎皮，居然好意思叫我带信，我刚想开口凿他两句，看他装腔作势，声音弄得来蛮软番，我马上也掉个花枪，对他说："姐夫，你叫我带信，不怕我'带信带木排上——靠不牢'啊？你格些年勒哈外头，风里雨里，一定吃了不少苦，你为啥不回去看看，让我们阿姐拨你炖只老母鸡补格补。人家借铜钿，也讲究个'有钱钱交代，无钱话交代'，你回我们茶馆去交代一声，总没错的喽？"我格话语，声音不高，但一句一句，都是实饼饼，揉勒⁽⁴⁾他身高头，他会有点儿麻，有点儿痛，有点儿尴尬。他脸孔一阵红，一阵白，旁边那个五痨七伤格家伙，看到我格副样子，晓得我是来讨债的——不管讨啥格债，总归是讨一笔债务。所以他想帮他格张哥出头，他袖子一撸，对姐夫说："张哥，你说，怎么收拾这小兔崽子？我们的船，就是我们的宅子，他闯到咱们的地盘儿上，那不叫私闯民宅又叫啥？哼，扔水里还是扔岸上，你吭个气儿，我老八立马动手！小崽子，要么你自个儿识相，自己退回去，省得伤筋动骨，也省得我费力气！"

我心里也戤过分量的，对照格人，一旦动手，我格套伢儿哪里是他对手，没他三拳两脚好拷，他一个大拇指头揿[5]臭虫一样，就拨我揿煞，所以要豪燥想出一个法儿，来对付眼前格两票货色，我特别注意姐夫，因为姐夫本想跟我荡圈儿打太极，没想到我不吃他格一套，他有点儿心烦，他要是不耐烦了，牙齿咬格咬，乌珠弹格弹，我格条小命，是不是会报销勒老八手下？我有点紧张起来，我脑子开足马力，哒哒哒哒，来东想办法。

如果我退出船舱，回到岸上，我苦头肯定不会吃，但我好比临阵退缩格逃兵，我会搁着难为情，我硬屏包裹儿，跟对照屏牢，我哪里是他们对手？到底接格办？格辰光我想到，我腰高头还别勒一把枪，一把亮晃晃以假乱真的左轮手枪，我搦出来，他们会不会呆掉，会不会吃瘪？我劲道一下子上来，对付凶巴巴五痨七伤格人，格是一记杀招！我刚刚来东胡思乱想，那个后舱里的女人家，又问一声："这是哪家的人呐？是朋友还是来捣蛋的啊？怎么姐夫姐夫的，叫这么亲热啊？"后舱踢踢踏踏一阵响动，大概是用脚趾头寻地板上格鞋子。听到格套响动，姐夫大概有点儿紧张，他有点儿急起来，好像想要翻脸："老八，这小鬼不识相，他一定要调皮捣蛋，只有拜托你请他出去！"格道命令一下，老八冷笑一声，想冲过来，但没想到我往后跳撤一步，拔出左轮枪，对牢他们大叫一声："哪个敢动？"他们呆掉的，让他们想不着的，是后舱里"砰"一声响，又听"啊"一声惨叫，后舱那位刚要出来的冯小姐，瘫倒了舱里。姐夫跟老八回头一看，慌了手脚；冯小姐倒下，扯动一排戏服架子，一排戏服，随之而倒，因为有"砰"一声，有冯小姐的倒下，有戏服的散乱，我自己都吓坏的，还当是自己格把左轮枪死而复生，变成一把真枪，真枪实弹射出，让冯小姐赖翻。后来我当然想清爽了，其实是我拨枪同时，刚刚露头格冯小姐吓了一头，胭脂盒脱手，舱板上一掼，一声脆响，听上去像我格把枪射出了子弹。子弹没打中她，她是自己打中自己，脚骨拐儿发软，半截身子发飘，软翻的。姐夫、老八去抱她，她叫："哎哟喂，我这是要死了么？"姐夫又气又急，回头骂我："你……你胆子忒大的！"

我自己拨自己吓进的，动都不敢动。后舱口兵荒马乱，我还没想好下一步怎么弄，我后脑勺突然吃着一记闷棍，眼睛一黑，我睏翻勒地高头。

等我醒转来，我两只手反绑，拨人掼了舱里，脑后头炮呼呼，大概是受伤引起的，脸孔朝下，嘴角旁边，一滩黏答答，不晓得是水还是血的黏液，有股鱼腥味道，又有一股血腥味。我牙齿磕坏，嘴唇皮破掉，咕噜噜喉咙口有血痰。我听到旁边有人来东讲话语，大概意思是接格套处理我。格辰光我一点儿不慌，为啥嘎说？因为，大不了一条命。年纪小小，死了活了，我没多想，我也不想多想。那个女人家，是戏子还是票友？她跟姐夫啥关系？老八是作啥的？拷我后脑勺的是船夫还是冯小姐保镖？还是哪里又跑出来一票货色？听他们对话，好像是船夫溜到背后偷袭我，为客人"救驾"。但格些七七八八，对我都无所谓。我有所谓的，是我能不能说动姐夫，让他去见我格阿姐，拨他跟我们阿姐格事体，彻底了结清爽。我听到我自己来东大口大口透气，我想翻个身，让胸口舒服舒服，我听到姐夫对他们说："小鬼醒转来的！"格辰光，外头天色暗的，老八掇盏马灯照照我，对我说："拨出枪来吓人，现在尝到受罪的滋味了吧？说！怎么处置你？喂鱼？怎么样？"舱里那三个人：老八、姐夫，还有冯小姐，都拿眼睛盯着我，我能搁着他们的眼光，来东我脸高头、身高头，扫来扫去。我本来有一套话语，已经要脱口而出："你什格弄，你拨我等来东，我迟早要跟你算账。我拷不过你，我格五伯伯、徐伯伯，都会帮我报仇，有你们苦头好吃嘞！你们拨我等来东！"但是，我拨格些话语，和共拢总，活生生吞落去的，我只有一个心愿，要叫姐夫到我们阿姐面前去，让他当面拨我们阿姐一个交代，另外，都无所谓，都不搭界。我想起汪先生格教导：拳头打不过人家，就用舌头说话。长脚鹭鸶青脚梗，要死要活撑一撑。撑，要用自己拿手格套路，不能瞎撑、乱撑。我拨了自己三句话语：第一句，三百六十行，马屁头一行。我就从马屁开始拍起，我对冯小姐说："你是女人家，又是嘎漂亮格女人家（其实当时我没看灵清她，只是个大模子格印象，反正说女人漂亮没啥格错）。我不晓得你跟我姐夫啥关系，好到啥程度，但他有个原配，是我格阿姐。他一走三年，没了音信，你能不能女人帮女人，帮帮我格阿姐，让姐夫回去对我们阿姐说一声'我走的，不回来的，从此我们一拍两散，互不相欠'，格么我阿姐，就不会勒再等他，你跟张先生，想接格套就接格套。如果他后屁股，有一只脚吊来东，有个尾巴，没收作清爽，格么你为了他，为了我阿姐，为了你自己，或者就算为了格道理，你也劝劝他！我跟他前世无冤，今世无仇，还有当过他几年舅佬的缘分，我格想法，望冯小姐帮忙帮到底，送佛送到西，让他快快上岸，格里我不晓得勒哈哪里，反正离我们'壶笑天'茶馆不会远，让他去拨我们阿姐一个交代，好不好？"

格段话语，我一口气说好，只搁着自己头痛想睏觉。因为想说的话语，已经全部倒出，心里松快了木佬佬，下面的事体，不是我好决定的，我也就不再多想。等我再醒来，听到一声声鸡叫，小河码头已经快要到的。到了岸边，他们不但放了我，而且姐夫还上岸，去拨跟我阿姐搭界的事体，全部作了一个交代。我不是用拳头，是用舌头做成了想做格事体，我特别高兴！上岸之后，我碰见了汪先生，他告诉我，他寻我寻了一夜头，我朝他鞠一躬。他又问我去了哪里，有没吃苦头？我摇摇头，格辰光他看到了我姐夫，他们开始谈天。你问那把左轮枪？他们已经还拨我的。我别勒腰高头，走到运河边。天格辰光还没亮透，河港高头飘来飘去，都是白塌塌格雾气，我听到了狗叫，听到了鸟叫，我抽出那把左轮枪看看，对牢河港，用力一掼，它就像一只出国鹞儿，划出一道弧线。小兰儿，你覅问我为啥要掼掉格把枪，我也说不出为啥西，我只是搁着，我要重新做人，我格做人，格卯才兹刚刚开始。

词语注释：

（1）地高头（di gao dei）：地上
（2）僵歪（jiang wai）：僵硬、凝固
（3）噌噌交（zen zen jiao）：腾腾
（4）搡勒（suang le）：砸在
（5）揿（qin）：按

参考文献

1. 鲍士杰：《说说杭州话》，杭州出版社，2005年。
2. 鲍士杰：《杭州方言词典》，江苏教育出版社，1998年。
3. 曹晓波：《杭州话》，浙江摄影出版社，2005年。
4. 曹晓波：《武林旧事：老底子杭州话》，杭州出版社，2013年。
5. 何宏：《民国杭州饮食》，杭州出版社，2012年。
6. 徐清祥：《杭州往事谈》，新华出版社，1993年。
7. 董校昌主编：《浙江省民间文学集成·杭州市歌谣谚语卷》，中国民间文艺出版社，1989年。
8. 赵玉城：《胡雪岩与胡庆余堂》，刊印本。
9. 汪海清：《杭州"儿"语集成》，刊印本。
10. 余杭县政协文史资料委员会、浙江省政协文史资料委员会编：《余杭杨乃武与小白菜冤案》，浙江人民出版社，1993年。
11. 蒋豫生：《塘栖旧事》，中国轻工业出版社，2007年。

丛书编辑部

艾晓静　包可汗　安蓉泉　李方存　杨海燕
肖华燕　吴云倩　何晓原　余潇艨　张美虎
陈　波　陈炯磊　尚佐文　周小忠　胡征宇
姜青青　钱登科　郭泰鸿　陶文杰　潘韶京
（按姓氏笔画排序）

特别鸣谢

顾希佳　林　敏（系列专家组）
魏皓奔　赵一新　孙玉卿（综合专家组）
夏　烈　李杭春（文艺评论家审读组）

图片作者

张国栋　姜青青　鲁　南
（按姓氏笔画排序）